CW01659375

Dr. Ayşegül Çoruhlu 4 Temmuz 1969'da doğdu. Orta öğrenimini İzmir'de tamamladı. 1994'te İstanbul Tıp Fakültesi'nden mezun oldu. Şişli Etfal Hastanesi'nde biyokimya uzmanlığı ihtisasını tamamladı.

2000 yılında Amerikan Hastanesi'nde biyokimya uzmanı olarak çalışmaya başladı. Daha sonra İntermed Polikliniği laboratuvar şefi olarak görevine devam etti. Bu görevde kaldığı yıllar içinde koruyucu hekimlik konseptine uygun check-up programları hazırladı. Antioksidan, gıda duyarlılığı, kişiye özel hormon ve genetik testleri gibi ileri antiaging yaklaşımlarını ilk uygulayanlardan oldu. Vitamin ve mineral desteği kullanımı konusunda uzun süre eczacı ve doktorlara seminerler verdi. Amerika ve Avrupa antiaging derneklerine üyedir. *Alkali Diyet, Tokuz ama Açız*, *Kuantum Beslenme* ve *Sirkadiyen Beslenme* kitaplarının yazarıdır.

Çoruhlu, kurumsal seminerler vermeye devam etmektedir.

www.aysegulcoruhlu.com
YouTube: aysegulcoruhluofficial
instagram: dr.aysegulcoruhlu

Her Yönüyle Bağışıklık

DOĞAN KİTAP (DOĞAN NOVUS) TARAFINDAN YAYIMLANAN DİĞER KİTAPLARI

Tokuz ama Açız
Alkali Diyet
Kuantum Beslenme
Sirkadiyen Beslenme

HER YÖNÜYLE BAĞIŞIKLIK

Yazan: Dr. Ayşegül Çoruhlu
Editör: Handan Akdemir

Yayın hakları: © Doğan Egmont Yayıncılık ve Yapımcılık Tic. A.Ş.
Bu eserin bütün hakları saklıdır. Yayınevinden yazılı izin alınmadan kısmen veya tamamen alıntı yapılamaz, hiçbir şekilde kopya edilemez, çoğaltılamaz ve yayımlanamaz.
1. baskı / Mayıs 2021 / ISBN 978-605-09-8344-9
Sertifika no: 11940

Kapak tasarımı: Feyza Filiz
Baskı: Mega Basım Yayın San. ve Tic. A.Ş.
Cihangir Mah. Güvercin Cad. No: 3/1
Baha İş Merkezi. A Blok Kat: 2
34310 Haramidere-İstanbul
Tel. (212) 412 17 00
Sertifika no: 44452

Doğan Egmont Yayıncılık ve Yapımcılık Tic. A.Ş.
19 Mayıs Cad. Golden Plaza No. 3, Kat 10, 34360 Şişli - İSTANBUL
Tel. (212) 373 77 00 / Faks (212) 355 83 16
www.dogankitap.com.tr / editor@dogankitap.com.tr / satis@dogankitap.com.tr

Dr. Ayşegül Çoruhlu

Her Yönüyle Bağışıklık

Doğan Kitap

İçindekiler

Önsöz

Bu kitap baskıya girerken Covid'in de bir senesi çoktan dolmuş durumda. Bir seneden fazladır bağışıklık ile yatıp bağışıklık ile kalkıyoruz. Konuya daha önceden ilgisi olmayanlar bile artık bu sistemi yakından tanımak istiyor. Ancak bağışıklığı herkesin anlayabileceği düzeyde anlatabilen kaynak yok.

Soru sormayı severim. Bugün olduğum yere beni taşıyan soru sormayı sevmem, öğrenmeye duyduğum karşı konulmaz açlıktır diyebilirim. Size de bir soru sorarak başlamak istiyorum:

Sizin ya da tanıdıklarınızın hastalıkları nelerdir? Bir düşünün...

Haşimato mu, sedef mi, romatizma mı, diyabet mi, polikistik over mi, MS mi, egzama mı?

Bu hastalıkların ortak adının "otoimmün hastalıklar" olduğunu biliyoruz.

Belki de çevrenizde birilerinin sürekli burnu akıyordur, hapşırık krizleri yaşıyorlardır, kaşıntıları vardır. Bunlara da genel adıyla "alerjiler" diyoruz, değil mi?

Peki ya kanser geçirenler? Tüm kanserler için "bağışıklıktan kaçarak çoğalmış hastalıklar" demiyor muyuz?

Bir de virüsler, bakteriler, mantar hastalıkları var. Bu hastalıkların hepsine de "enfeksiyon hastalıkları" diyoruz...

Otoimmün hastalıklar, alerjiler, enfeksiyonlar... Peki geriye hastalık kalıyor mu?

Şimdi son soru: Tüm bunlarla baş etmek için en çok güvendiğimiz şey nedir?

Yanıtı biliyorsunuz bence: Tüm bunlarla baş etmek için bağışıklık sistemine güvenmek zorundayız!

Evet, tüm hastalıklarda ortak bir nokta var; hastalığı yaratan dış etken de olsa iç etken de, güveneceğimiz tek sistem bağışıklık sistemimiz. Genel kanı olarak bağışıklık denince akla hep virüsler, bakteriler gelir. Hayır, o kadar basit değil. En özet haliyle bağışıklık sistemi, içerdeki zararlı ve zararsız ayrımını yapan sistemdir. Yaşlanma hızımızı bile belirleyen bu sistemdir. İnanılmaz değil mi? Biz yaşlandıkça eskiyen hücrelerimizi tespit etmek ve yok edip yerine yeni hücrelerin gelmesini sağlamak da bağışıklık sisteminin işidir.

Yukarıda saydığım tüm hastalıklar –ki sayıları Google'a göre 30 bin ayrı isim altında toplanıyor– inflamasyon sebebidir. İnflamasyon ise bir şeylerin yolunda gitmesi için vücudun hücresel düzeyde verdiği savaşların genel adıdır. Sadece kilolu olmak bile inflamasyon sebebidir. Hiçbir hastalığınız olmasa da yaşlılığın kendisi de kronik bir inflamasyon durumudur. Yani bir yerde inflamasyon varsa bu şu anlama gelir: İmmün sistem yani bağışıklık sistemimiz olaya ya sebep olmuştur ya da iyileştirmek için oradadır. Tüm kronik hastalıklar ise uzamış bağışıklık savaşının izdüşümleridir.

Benim bakış açıma göre sağlığını önemseyen, uzun ve sağlıklı bir ömür sürmek isteyen herkesin bilmesi gereken ilk şey bağışıklık sisteminin nasıl çalıştığı.

Şimdi bu kitapta bir hekim için bile çok karışık olan immün sistemi yani bağışıklık sistemini sizler için en anlaşılır haliyle ama hiçbir detayını atlamadan yazmaya çalışacağım. Başka bir dönemde olsaydık belki size sıkıcı gelebilecek bu öğrenme yolculuğunun şu an tam da aradığınız cevap olduğunu düşünüyorum. Covid'in bir faydası varsa bunun da kendi bağışıklık sistemimizi öğrenmek ve korumak için bizi motive etmesi olduğunu düşünelim...

Sabırla okumanızı, okurken notlar almanızı öneririm. Konuyu bir kez kavrayınca vücudunuzda bağışıklık adına neler dönüyor öğrenmiş olacaksınız. Ve o 30 bin farklı hastalıktan birine yakalanmamak için neler yapabileceğinizi de artık bileceksiniz.

Bu kitap "bağışıklık için şunları ye, bunları yap, bunları yapma" kitabı değil! Ama size çok daha iyisini verecek. Çünkü zaten kendiniz temel mantığı çözmüş olacaksınız! Size vaadim bu. Amaç sistemin işleyişini anlamak ve nerelerde hata yapabileceğinizi kavramak. Tıpkı daha önceki dört kitabımın da aslında beslenme kitabı değil vücutta neyin neden olduğunu, sağlığımızın nasıl bozulduğunu ve sonucunda nasıl kilo aldığımızı anlattığım kitaplar olması gibi. O kitaplar da kestirme formüller vermek için değil, olayı hücre biyokimyası düzeyinde kavrayabilmeniz için yazılmıştı. Aynı şekilde bu kitap da bağışıklık sisteminin tüm doğru ve yanlış işleyiş mekanizmalarını kavrayabilmeniz, uzaktan bakınca büyük resmi görebilmeniz için yazıldı.

Ders ve öğrencilik yılları benzetmesi üzerinden gidersem benim derslerin biraz "kazık" olduğunu kabul ediyorum. Ama dersi derste dinlerseniz, güzelce not alıp kavramaya çalışırsanız ödülünüz sağlıklı, uzun bir ömür olacak.

Bilgi davranışı değiştirebilir. Bilgi korkuyu azaltır. Ve Covid sonrası dönem artık sağlığı iyice bilme zamanıdır.

Heyecanla okuyacağınızı umarım.

Saygılarımla...

Dr. Ayşegül Çoruhlu
30 Mart Salı, 2021

Giriş

Hayatımızı sürdürebilmemizi borçlu olduğumuz immün sistem, bizi zararlı dış etkenlerden korumak için dizayn edilmiştir. Bu zararlı dış etken mesela bir virüs olabilir. Bunu tecrübe ediyoruz, hepimiz virüs kaynaklı hastalıklar yaşıyoruz. İmmün sistemin amacı virüsü öldürmektir. Ancak aynı virüse herkesin bağışıklığı farklı tepkiler verebilir. Dışardan gelen zararlı bir bakteri de olabilir. Yine immün sistem bazı kişilerde bu bakteriyi kolay yener, bazılarında ise kişi antibiyotik almadan düzelemez.

İmmün sistemin savaşmak zorunda olduğu "dış" etkenlerin içeriği de zamanımızda çok daha genişlemiş durumda; sadece virüs, bakteri gibi patojenler değil yiyecekler de bu grubun parçası oldu artık. Üstelik immün sistemin düşman olarak algıladığı yiyeceklerin illa kötü ve sağlıksız olması da gerekmiyor. Bunu okuyunca çok şaşıracaksınız belki ama işler yolunda değilse immün sistem sağlıklı gıda deyip baş tacı ettiğimiz brokoliyi bile düşman olarak algılayabilir. Nasıl oluyor da sistem masum brokolimize bile düşman kesilebiliyor, bunu ilerde ayrıntılarıyla öğreneceğiz.

Sadece yiyecekler değil içilen su, solunan hava, kimyasallar vs. de immün sistemi "dürtüyor". Bu dürtmelerin sonuçlarını ise alerjik rahatsızlıklarımızın ve otoimmün hastalıklarımızın artması olarak görüyoruz. Hem alerjide hem otoimmünitede immün sistem hatalı çalışıyor. Alerjide dışarıdan gelen bir masumu suçlu sanıp ona aşırı tepki veriyor, otoimmünitede içeriden bir masumu zararlı zannedip ona tepki veriyor.

Peki şimdi soralım: Neden bazılarımızın immün sistemleri bunu yapabiliyor? Nasıl oluyor da bu inanılmaz sistemin, immün sistemin kafası bu kadar karışabiliyor? Acaba bizim yaptığımız veya yapmadığımız bir şeylerin buna katkısı olabilir mi?

Bu sorunun yanıtı evet! Elbette durum tam da böyle. Çünkü biz bir şeyleri yanlış yaptığımız için immün sistemi yoruyor veya onu desteklemiyoruz.

İşte bu kitabın konusu tam da bu. Bu kitapta virüslerden alerjiye, otoimmün hastalıklardan gıda intoleransına kadar immün sistemin çalışma şeklini ve hatalarını okuyacaksınız, kitabı okuyup bitirdiğinizde ise konuyu tam anlamıyla kavramış olacaksınız.

Çok tuhaf bir yıl yaşadık evet ama yaşadığımız Covid19 tehlikesi, yaşayacağımız en son tehlike değil. Benzer tehditleri hayat boyu yaşamaya devam edeceğiz. Virüsler her zaman olacak. Bakteriler her zaman olacak. Bunlardan kendimizi tamamen sakınmayı başarsak da vücudumuzun içinde "eski" veya "hasta" hücreler olacak. Tıpkı tümör hücreleri gibi. İmmün sistemin işi bunlarla da tıpkı virüslerle savaştığı gibi savaşmak. Kanser olmamamızın garantisi de gördüğünüz gibi iyi çalışan bir immün sistem.

Gelin biz de tek isteği bizi korumak, uzun yaşatmak olan immün sistemimizin işleyişini öğrenmek için sabır gösterelim, öğrenmekle kalmayıp aynı zamanda onun en büyük yardımcısı olalım.

Bağışıklık sistemine giriş

Tıbbi adı "immün sistem" olan muhteşem bir savunma ile doğmuş durumdayız. İmmün sistem veya bağışıklık sistemi bizim ordumuzdur. Bu müthiş ordunun sayısız ve farklı görevler üstlenmiş askerleri vardır. Bu askerler basit bir bakteriyle de, güçlü bir virüs veya bir tümör hücresiyle de aynı ciddiyette savaşırlar. Şakaları yoktur. Bu önemli şu önemsiz diyerek hiçbirini küçümsemez, yabancıyı, zararlıyı affetmezler. 70-80-90-100 yaşlarına kadar işte bu askerler sayesinde ulaşırız. Evet, immün sistem güçlüdür. İnanılmaz koordineli bir yapıyla çalışır ancak bizim yardımımızla daha iyi çalışabilir. Ve bizim bu güçlü ordu ve askerleri için yapabileceğimiz yardım tahminimizden çok daha fazla olabilir.

Bu kitapta immün sistem ordusunun düşmanla;

* Savaş taktiklerini
* Savaşa giren askerlerin görevlerini
* Savaşın aşamalarını
* Dostu-düşmanı nasıl ayırdığını
* Bu savaşta bize düşen görevleri
* İmmün sistemi nasıl güçlü ve dengeli tutacağımızı öğreneceğiz.

Dediğim gibi sistemin bize ihtiyacı var çünkü kafası karışabiliyor. Kafası karıştığı zaman;

* Sadece düşmana değil yanlışlıkla masum bir dosta (polen, yiyecek, tiroit gibi) saldırmasının sebebini de öğreneceğiz.

Müthiş ordu, işini büyük bir ciddiyetle yapan askerler dedik, tamam ama vücutta savaş her zaman haklı sebeplerle olmaz. Kimi zaman bağışıklık ordusunun haksız saldırıları da olur. Bazen bu askerler dostu da düşman olarak algılayabilirler. Bu hatalı savaşların sonucu olan otoimmünite ve alerji konularını da zaten bu kitapta ayrıntılarıyla okuyacağız. Ayrıca;

* İmmün sistemin doğru savaş stratejileri geliştirmesine yardım etmeyi öğreneceğiz. Beslenme, yaşam şekli, vitamin-mineral destekleri ile onun doğru çalışmasına destek olmanın yöntemlerini kavrayacağız.

Sağlıklı ve uzun bir yaşam sürmek gibi bir isteğimiz varsa yardım etmek zorundayız. En azından ona ekstra iş çıkarmamalıyız. Çünkü bu sistem hayatta kalmamızın temelidir. Biliyor musunuz, immün sistem olmasaydı 24 saatte ölürdük! Biz farkında olmasak da her gün vücudumuza bir dolu parazit, bakteri, virüs, mantar, toksin girer. Yaşadığımız her gün aslında vücudumuzda büyüklü küçüklü savaşlar, muharebeler yaşanır, immün sistem her gün çeşitli cephelerde savunma yapmakla meşguldür. İçerde her saniye bir savaş vardır ve bu inanılmaz sistem bizi dışardan gelen tehlikelerden korur.

Peki, ya içeridekiler? Düşman sadece dışarıdan mı gelir? İçeride savaş yapacak zararlı yok mu? Olmaz olur mu! Hem de ne çok!

Mesela, her gün 500-1000 hücrenin kanserleştiğini biliyor muydunuz? Okuyunca çok şaşırdınız belki de. Evet, bu doğru. "Kanser" çağımızın en korkulu kâbusu haline gelmiş olabilir ama bağışıklık sistemimiz için sıradan bir düşman o. Her gün omuz omuza çarpıştığı, tanıdığı, bildiği bir şey. Elbette belli bir aşamaya kadar...

Bu kanserleşen hücrelerle savaşmak da ordumuzun görevidir.

Peki ya eskiyen hücreler, onları kim temizleyecek?

Her gün çeşitli cephelerde muharebelerin yaşandığı bu savaş alanında telef olan askerlerin cesetlerini kim kaldıracak? Yanıt belli: Bağışıklık sistemimiz.

Anlayacağınız, biz farkında olmasak da her gün içimizde büyük hücresel bağışıklık savaşları sürmektedir.

İmmün sistemin çalışma kapasitesi açısından kişiler arası farkları daha iyi anlayın diye size şu soruyu sorayım: Hemen herkes grip olur değil mi? Ama bazıları hastalığı hızlı atlatır, bazıları sürünür, bazıları da grip olan kişilerle aynı ortamda bulunmalarına rağmen hiç hastalanmaz. Hiç düşündünüz mü, sizce kişiler arasındaki bu farklılıkları yaratan nedir? Bu kitapla bu sorunun yanıtını da o farkların neler olduğunu da öğreneceğiz.

Gelin şimdi immün sistemi tanıyalım...

İmmün sistem nedir?

İmmün sistem hakkında kullanılabilecek en önemli ifade; aralarında çok sıkı *haberleşme olan, ortak çalışan bir ekip* olduklarıdır. Haberleşmenin doğru olması şarttır. Mesela televizyonlarda korona üzerine yapılan tartışma programlarında sık sık duyduğunuz, "sitokin fırtınası" ifadesiyle artık kulağınızın bile alıştığı "sitokinler" aslında birer habercidir. Tüm bağışıklık sistemi hücreleri arasında neler olup bittiğini anlatma yöntemidirler. Sitokinler bağışıklık sisteminin telefonundaki WhatsApp gibidir. WhatsApp mesajları hatalı olursa askerler hedefi şaşırabilir, düşman diye bağışıklık sistemi bize de saldırabilir. Zaten otoimmün hastalıklar da bu şekilde olur. Veya zararlı olmayan bir şeye fazla kızarlar. Mesajı yanlış anlarlar, sokak diliyle söyleyecek olursak gereksiz "yükselirler". İşte alerjiler de böyle olur. Veya WhatsApp haberleşme hatasıyla düşmanı dost sanırlar. Kanser de böyle olur.

Gördüğünüz gibi iletişim sadece hayatta değil vücudumuz için de çok çok önemli. Hatalı mesajların bedelinin nasıl ağır olabileceğini görüyoruz işte. Zaten, enfeksiyon, otoimmün hastalıklar, alerjiler ve kanseri saydığımıza göre geriye de çok az bir hastalık grubu kalıyor. Demek ki uzun ve sağlıklı yaşama garantimiz olan bağışıklık sistemimiz yakından tanımayı fazlasıyla hak ediyor.

İmmün yani bağışıklık sisteminin temel görevi içeride oluşan ve dışarıdan gelen tehditkârları tanımak ve yok etmektir. Bizim yapımızın parçası olmayan dış tehditler; virüs, bakteri, mantar, toksin olabilir. İçimizde oluşan tehditler; tümör hücreleri, yaşlanmış hücreler, hastalıklı hücreler, iç bakterilerimiz, parazitlerimiz olabilir. Ancak bazı masumları tehdit yaratmadığı halde tehdit olarak algılayabilmesi de sistemin zayıflamış halinin sonucudur. Bu ayrımın, kim düşman kim değil ayrımının çok net yapılabilmesi immün sistemin gücünü gösterir. Ayrımda netlik yoksa, zararlı-zararsız ayrımı yapılamıyorsa, o zaman immün sistem yetersizliğinden ve dengesizliğinden söz edebiliriz.

Peki, bağışıklık işlerini kimler yapmaktadır?

İmmün sistemin türleri nelerdir?

İmmün sistem ordusunun askerleri, kolorduları, bu askerleri oluşturan ve eğiten askeri eğitim organizasyonları nelerdir, basitçe tanıyalım.

Öncelikle şunu söyleyeyim; bağışıklık savaşı farklı aşamalarda yapılır. Savaş taktiği böyledir. Bu sıralamayı hep aklınızda tutun, olur mu? Savaş üç aşamalıdır: İlk aşama düşmanların sınırlarımızdan içeri girmelerine engel olmaya çalışan ***sınır defansımız***'dır. Sonra da immün sistemin iki kolu olan ***Doğal ve Edinsel immünite*** gelir.

* **Sınır defansı:** Savaş önce düşmanın ülkeye-vücuda girmeye çalıştığı sınırlarda başlar. Sistemin sınırı geçmeyi engelleyen taktikleri vardır (mukozal ve deri bariyeriyle).
* **Doğal immünite:** Düşman sınırı geçerse sınırın iç hattında savaş olur. Sınır savaşı askerleri yapar bunu. Bu askerler gerilla tipi bire bir düşmanla dövüşürler.
* **Edinsel immünite:** Gerillaların yaptığı savaş uzarsa, ordunun daha organize birlikleri savaş meydanına yardıma çağırılır (T lenfositleri).

Savaş bitiminde öldürülmemiş düşmanlara birer kelepçe takılarak kalanların hepsi tutuklanır (B lenfositleri).

Bu savaşa hangi düşman sebep olduysa kimliği kara listeye alınıp onun düşman olduğu daima hatırlanır (Hafıza B lenfositleri).

Şimdi bir de tıbbi dilde yazalım:

İmmünite üç aşamalıdır.

1. Sınırların yarattığı koruma sistemi
2. Doğal immünite: İlk savunma (İngilizcesi *innate immun system)*
3. Edinsel immünite: İkincil savunma (İngilizcesi *adaptive / acquired immun system*)

Okurken kolay gibi gelmişse de değil. İşleri kavramak için biraz sabır göstermeniz gerekecek. Hani dedik ya dersimiz "kazık" diye. Ama unutmayın bu dersten geçerseniz ödülü de aynı oranda büyük olacak! Şimdi gelin birlikte savaş sanatına giriş yapalım.

Bu cephelerde neler oluyor, sırayla bakalım...

İmmün savunmanın aşamaları

1-Düşmanın sınırdan girişi: İlk temas, ilk savaş

İmmün sistemin amacı dışarıdan gelenden bizi korumak olduğu için, konuyu anlamak adına dışarısı neresi içerisi neresi bilmemiz lazım. Sınır hattımızdaki savunmamızı öğrenmemiz lazım.

Bizim *sınırlarımız: derimiz ve iç derimiz olan mukozalarımızdır*.

Deriyi anlamak kolaydır. Yaklaşık 200 metrekarelik alanıyla geniş bir sınır hattıdır. Derinin immün sağlamlığı, en çok kalınlığından gelir. Üzeri keratin ile kaplıdır. Keratini oluşturan keratinosit isimli hücreler immün sistemin parçasıdır. Ayrıca deride özel "düşman yiyici hücreler" vardır. Büyük yiyici hücreler olan makrofajlar, deriye yanaşan düşmanı bekleyenlerdir. Derideki makrofajlara Langerhans hücreleri denir. Makrofajları anlatırken daha detaylıca da bahsedeceğim. Zaten immün sistem için dış deriyi korumak nispeten kolay bir iştir, çünkü dış deri iç deriye göre çok kalındır.

Peki iç deri dediğimizde ne demek istiyoruz? İç derimiz mukozalarımızdır. Mukozalar vücudun içindeki, dışarıyla olan sınır hattını anlatır. İç sınır hududumuz, dış sınır hududumuzdan kat kat fazla bir alandır. Sadece bağırsak iç derisi, dış derinin iki katı bir alan kaplar. Akciğerlerin içi, ağız, burun vs. de eklenince savunulacak metrekare çok büyür. Bu kadar geniş bir yüzey yabancıların girmesini engellemek için korunmalıdır. Çünkü yabancıların vücuda girebilmesi için bu sınırı geçmeleri gerekir. Düşman sınırı geçemezse hastalık yapamaz. Aslında bu kitabın özü bu geçişi engellemek için bilmemiz, yapmamız gerekenler üzerinedir.

Düşmanlar hastalık yapıcılar olduğu için artık onlara düşman yerine "patojen" diyeceğim. Patojen, hastalık yapma kabiliyeti olan her şeydir. Bakteri, virüs, mantar, parazit vs., bunların toplu ismi patojendir. Ve tüm patojenlerin amacı içeri girmektir. Nerede zayıf koruma bulurlarsa oradan içeri dalarlar. Bu giriş en çok mukozalarda olur. Ağız içi, göz, burun, solunum yolu, akciğerlerin içi, vajina, mide, bağırsaklar; tüm bu organların dışarısı ile sınırını mukoza oluşturur. Mukozanızın yapısını hissetmek için size kolay bir örnek vereyim; mukoza ağzınızın içindeki o ince pembemsi derinizdir. Ve tüm vücudumuzdaki mukozalarımızın hepsi de böyle incedir.

Bir patojenin içeri girebilmesi mukozal immünite gücüyle çok ilgilidir. Mukoza bizim sınırlardaki kalemizdir. Mukozal bağışıklığı nasıl koruyacağımızı, bozuk mu sağlam mı nasıl anlayacağımızı ve bozuksa nasıl düzelteceğimizi ***mukozal immünite*** bölümünde ayrıntılı olarak okuyacaksınız.

Mukozal immüniteniz bozuksa düzeltme konusunda iş size düşüyor, baştan söyleyeyim. Bunu yapmalısınız çünkü düşmanı en baştan içeriye sokmamak, bağışıklık sistemini korumada en akıllıca yaklaşımdır. Bizim yaptığımız beslenme hataları, bazı masum gözüken yiyecekler ve başka faktörler bu sınırın gücünü azaltır. Doğru yaptıklarımızla ise bu sınırın gücünü artırabiliriz. Mukozal bağışıklık bölümünü ayrıntılarıyla ele almadan önce, ya düşmanlar içeri girerlerse o zaman neler oluyor, gelin şimdi ona bakalım.

Patojen mukozadan girdikten sonraki savaş

İstenmeyen bir düşmanın sınırı aşıp vücuda girebildiğini varsayalım. Düşman; bakteri, virüs veya mantar olabilir. Bunlar hastalık yapıcıdır. Bu yüzden artık onlara genel adıyla patojen diyorum. Patojen, immün sistemin yakalayıp yok etmek istediği her şeydir.

Patojenler vücuda girdiğinde immün sistem ordusunun farklı askerleri, farklı zamanlamayla, farklı işler yaparak görevlerini yerine getirirler. Orduda görev tanımı çok nettir. Kimin ne iş yapacağı bellidir. İş tanımı ve sıralama şu şekildedir:

* **Doğal immünite:** Doğal immünite askerleri ilk savaşı başlatır. Patojen içeri girdiği an, önce hızla ve anında cevap veren, sınır-

daki kaleyi koruyan doğal immünitenin askerleri devreye girer. Bunlar çok çeviktir ve zaten sınırda konuşlanmışlardır. Bir savaşın başladığını diğer birliklere haber verenler de bunlardır. Eğer sınır askerleri, ordunun geri kalanına savaş var demezse yardım gelemez. Bunlara "doğal bağışıklık hücreleri" deriz.

* **Edinsel immünite:** Doğal bağışıklık askerlerinden düşmanın kimliği hakkında haber alıp savaşa daha geç katılanlar savaşı sürdürür. Burası edinsel immünite kısmıdır. İlk cevap verenlere "T lenfositleri" deriz.

En sonunda ise o patojene ait savaş taktiklerini öğrenen hafıza hücreleri devreye girer. Bu sayede o patojen tekrar geldiğinde, daha bize saldıramadan enselenir, tutuklanır. Böylece savaş mavaş da olmaz. Bunlara B lenfositleri deriz. T ve B lenfositleri edinsel immünitenin askerleridir.

Şimdi bu basit akışı daha tıbbi anlatalım:

İmmün sistemin iki temel alt grubu vardır.

A) Doğal immün sistem; buna *innate* immün sistem de denebilir. Zaten savaşın olduğu yerde önceden mevcutturlar. Yukardaki 1 numaralı işi onlar yapar.

B) Edinsel immün sistem yani sonradan edinilen immün sistem. Yukarıdaki 2 numaralı işleri de onlar yaparlar.

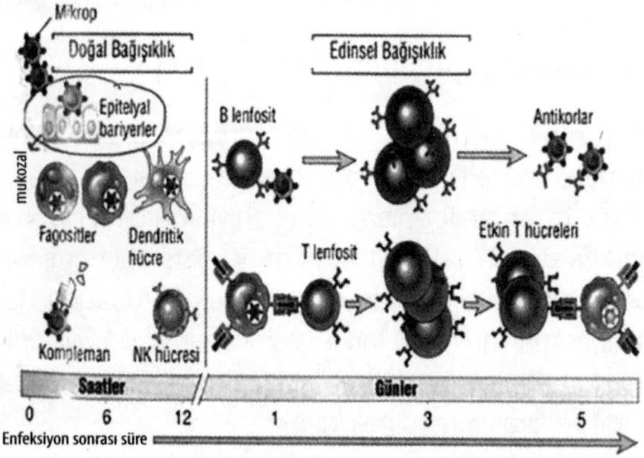

Şimdi ayrıntılara giriyoruz.

Doğal ve edinsel immünite

Doğal immün sistem

Adı üstünde bu sistem doğal olarak zaten vardır. Patojenin girdiği yerde hazırda beklerler. Sınırlar olan deride ve mukozada bulunurlar. Patojene ilk immünite cevabını bunlar verir. Doğal bağışıklık, olay yeri savunmasıdır. Patojenin girdiği yüzeyin hemen yakınında olurlar.

Doğal immün sistemimiz çok eski bir savunma sistemidir. Milyonlarca yıllıktır. Bu sistem bitkilerde de vardır. Amacı saldırı olabilecek sınırlarda bekleyerek gelen tehlikeye ani ve hızlı bir karşılık verebilmektir. Eski bir savunma yöntemi olduğu için fazla sofistike değildir.

Doğal immünitenin bazı özelliklerini tanıyalım:

* Doğal immün sistem ince ayrıntılardan anlamaz. Mesela gelen patojenleri birbirinden pek ayıramaz. Sadece genel olarak onların tehlike yarattığını anlayabilir. Bunu yapabilmek için patojende olan ama insan vücudunda olmayan, patojene ait bazı kısımları tanır. Bu yerlere "patojenle ilgili immüniteyi harekete geçiren bölümler" anlamına gelen ***PAMPS*** denir. Virüslerin, bakterilerin, mantarların birbirinden farklı PAMPS'ları vardır. Mesela bu virüsün RNA'sı olabilir. Gram negatif bakterilerin LPS denilen toksinleri olabilir. Patojenler bu kısımlarıyla kendilerini ele verirler. Bunlar bizde olmayan yapılardır. Doğal immünite PAMPS'lar sayesinde patojeni anlar.
* Daha önce söylediğim gibi bağışıklık sisteminin, vücuttaki eskimiş hücreleri yok etmekte de rolü vardır. Vücuda ait kötü dokulara da "dokuyla ilgili immüniteyi harekete geçiren parçalar" ma-

nasında ***DAMPS'***lar denir. PAMPS'lar ve DAMPS'lar doğal immünitenin hedefleridir.

* Doğal immünite patojenin adını soyadını bilmez, kim olduğunu tanımaz. Sadece bunun patojen olduğunu ve vücut için zararlı olduğunu anlar.
* Doğal bağışıklık sistemi, neredeyse bin farklı maddeyi tanıyabilir. Bu sayı diğer immün sistemimiz olan edinsel bağışıklık sisteminin tanıdığı "milyonlarca" farklı madde ile kıyaslandığında, sizin de kabul edeceğiniz üzere doğal bağışıklık sistemi gerçekten hiç de sofistike değildir.
* Doğal bağışıklık sistemi ince tanıma yapamadığından, o "düşman" yani patojen tekrar gelirse onu hatırlamadığı için yine aynı şiddetle geri püskürtmeye çalışır. Savaşın dozu hiç azalmaz.
* Bağışıklık hafızası yoktur. Aynı patojen tekrar tekrar da gelse onu hatırlamaz.
* Doğal bağışıklık sistemi diğer sistem olan edinilmiş bağışıklık devreye girene kadar savunmayı yapar. Ve bu hamle bize vakit kazandırır. Bu süre enfeksiyon yapan patojenin vücuda girdiği 0 ila 72 saat arasındaki zamandır. Bu saatten sonra edinsel immünite devreye girer.
* Edinsel bağışıklık sisteminin doğal bağışıklıktan 72 saat sonra yani daha geç devreye girmesinin sebebi, olaydan haberdar olması için doğal immünite sisteminin ona haber vermesi gerekliliğidir. (İşte bu iki sistem arasındaki haberleşme, tüm o WhatsApp mesajlarının gelip gittiği nokta, tüm immün sistem açısından dananın kuyruğunun koptuğu yerdir. İmmün sistemde ne hata oluyorsa çoğu bu safhadan kaynaklanır.)

Şimdi gelin askerlerimizi tanıyalım: Daha doğrusu doğal immünitede yer alan asker tiplerini...

1. Lökositler: Nötrofiller, Eozinofiller, Bazofiller (Bunları kan sayımı testinizden hatırlarsınız)
2. NK- *natural killer*, doğal katiller
3. Kompleman sistemi
4. Makrofajlar
5. Dendritik hücreler

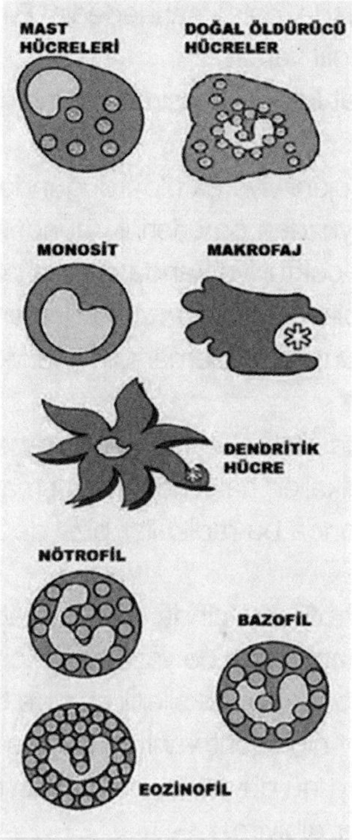

Nötrofiller:

* Doğal bağışıklık elemanlarından nötrofiller bizim kan sayımı testlerimizde WBC olarak gösterilen beyaz kürelerdendir.
* Doğal bağışıklıkta yer alırlar ve olay yerine dışarıdan *en hızlı* gelenler onlardır.
* Dolaşan kanda da en çok nötrofil vardır. Dolaşımda litrede 2,5-7,5 milyar nötrofil dolanır. Kaldı ki bunların toplam günlük üretilen miktarı; 10 üzeri 11'dir. Yani 100 milyar. Her gün kemik iliğinden üretilirler. Dolaşmayanlar lenf nodlarında durur, savaş için çağrılmayı beklerler.
* Enfeksiyon olduğu anda sayıları 3-5 kat artar.
* Her türlü enfeksiyonda nötrofiller olay yerine ilkyardıma gelir, patojeni yerler.
* Sadece enfeksiyonlarda değil, içinde mikrobun olmadığı tüm

inflamasyonlarda da onlar sahnededir. Bir yerde inflamasyon varsa orada nötrofil vardır.

* Maksimum 6 saat kadar dolaşımda kalabilirler çünkü bunlar biraz güçsüzdür.
* Her biri 4-20 patojeni yiyerek öldürdüğünde yorulur, iş yapamaz hale gelirler. Bu yüzden ömürleri iki gündür. Yine de küçümsemeyelim, sayıları çoktur ve kanda durmaksızın devriye gezerler. Bizim ruhumuz bile duymadan tonla bakteri temizliği yaparlar.
* Akut enfeksiyonun temel elemanıdır. İçlerinde düşman yok edici enzimleri vardır.
* Enzimlerin dışında silah olarak *oksijen serbest radikallerini* kullanırlar. Ki bu radikaller hakkında konuşmaya değerdir. Çünkü uzamış enfeksiyonda bu radikaller bize de zarar verebilir.

Belki burada nötrofillerin içinde olan bu radikallerin normal hayatımızdaki karşılıklarının adını da yazarsam konu akılda kalabilir. Biri H_2O_2 hidrojen peroksit yani oksijenli su diye bildiğimiz madde, diğeri de HOCl denen hipoklorit yani çamaşır suyu olarak bildiğimiz madde. Çamaşır suyunu duyunca, bunlar bizi hep temizlesin diyen hijyen severleri duyar gibiyim.

Ben de aşırı hijyen takıntısı olanlara şöyle sesleneyim: Fazla hijyen immün sistem için o kadar da iyi bir şey olmayabiliyor. Abartmayın! Zaten bu konunun detaylarını da ileride okuyacaksınız.

Şimdi nötrofillere dönecek olursak. İki madde daha:

* Nötrofiller, sitokin (yani WhatsApp mesajı) neredeyse hiç salmazlar. Enzimler ve oksijen serbest radikalleriyle düşmanı öldürürler.
* Bunlara haber verilir ama bunlar kimseye haber verip yardım çağırmazlar.

Bazofiller:

Bazofiller de kanda dolaşırlar. Alerjik reaksiyonlarda rol alırlar. Bir dokuya yerleşirlerse de adları bazofil değil *mast hücreleri* olur. İçlerinde histamin vardır. Alerjik sebeplerle aktive olurlarsa dokuya histamin salarlar. Histamin de damarları genişletip o bölgenin kan akımını hızlandırır, ödemli ve kırmızı görünüşlü yapar. Akciğer kaslarını da büzdüğünden nefes darlığı yaparlar. Alerji bölümünde bu konuya yeniden döneceğiz.

Eozinofiller:

Vücudumuzda helmintler, parazitler, larvalar, kurtçuklar da vardır. Bunlar mikrop ve virüslerle kıyaslandığında görece çok daha büyük oldukları için bunlarla savaş ayrı bir ordu kurmayı gerektirir. Temelde eozinofillerin işi bizi bu parazitlerden korumaktır.

NK-*natural killer*, doğal katiller:

NK'lar önlerinde saygıyla eğilmeyi ve onlardan korkmayı kesinlikle hak ederler. Tam gerilla savaşçılarıdırlar. Adları üstünde "doğal katil hücreler"dir yani *natural killer*'lar.

* Bunları, her şüphelendiğinin üstünü arayan devriye polisleri gibi düşünün. Vücuttaki her hücreyi yoklar, birazcık bile şüphelenseler o hücreyi direkt öldürürler. Öldürmek için kimseden izin de almazlar. Oysa mesela daha sonra öğreneceğimiz, edinsel bağışıklığın askerleri olan diğer katil hücrelerimiz, öldürücü-sitotoksik T hücreleri, biri onlara işaret verirse öldürebilirler.
* Hani katil dedik ya; NK, patojenin kendisini öldürmekle uğraşmaz. Patojenin içinde olduğu, bizim hasta hücrelerimizi de patojenle beraber toptan öldürür. NK'nın işi hücrenin içine saklanmış patojenlerledir. Patojenler ya kanda-dokuda yani hücrenin dışındadırlar ya da hücrenin içine saklanırlar. (Bu ayrımın ne kadar önemli olduğunu, patojenin hücre içinde veya dışında olmasının nasıl savaşın tüm taktiklerini değiştirdiğini ileride daha iyi kavrayacaksınız.) Mesela virüsler hücre içidir. Bazı bakteri ve mantarlar da hücre içine saklanırlar. Kanda serbest dolaşmadıkları için bağışıklığın pek çok askeri onları gözden kaçırır. NK'lar bunları içinde bulundukları hücreyle beraber öldürürler. Toptan ve gözünü kırpmadan! Hücreyi kaybetsek de içinde virüs çoğalıyorsa hücreyle beraber içindeki virüslerden de toptan kurtulu-

ruz. Böylece etrafa yayılamazlar.

* NK'lar aynı zamanda interferon salarlar. İnterferon virüslere karşı en güçlü silahtır, antiviraldir.
* NK'lar sadece patojenli hücreleri değil, vücutta içindekini beğenmedikleri tüm hücreleri de öldürürler. Mesela tümörleşen hücreyi de toptan öldürürler. Kanser savunmasında çok mühimdirler. Kaldı ki artık bildiğiniz üzere her dakika çok sayıda hücremiz kanserleşmektedir. Bunların hakkından gelen hücrelerden biri de NK'lardır.

Şimdi anladınız mı neden önlerinde saygıyla eğilmeyi hak ediyorlar dediğimi...

Doğal bağışıklık sadece savaşçı hücreler üstünden olmaz, immün sistem için çalışan organlarımız da vardır. Bunlardan bazıları:

* Timüs
* Lenf sistemi
* Bademcikler
* Dalak
* Lenf nodları
* Kemik iliği
* Karaciğer

Doğal bağışıklıkta karaciğerin de rolüne bakalım:

* Karaciğer *komplemanlar* denen küçük askercikler üretir. Bunlar zararlıları işaretler ki daha sonra öldürülecekleri zaman gözden kaçmasınlar. Eğer bir patojen komplemanla işaretlendiyse oraya nötrofiller koşar, o dokuda hem savaş hem inflamasyon yapar. Bazı durumlarda bu kompleman yolu çok aktif olur, fazla çalışınca savaş yerinde hasar bırakır. Mesela gıda duyarlılığı yapan gıdalar bu şekilde hem bağırsağa hem de vücudun diğer organlarına zarar verir. Otoimmün hastalıkların oluşmasında da kompleman yolunun çok çalıştırılmasıyla oluşan hasar etkilidir. Özellikle yiyeceklere karşı duyarlılık gösteriyorsak, yiyeceklere karşı verilen immün cevabın fazlalığı bu

kompleman yolunu aktive edebilir. Yine bağırsaklarımızın mukozası sağlam değilse oradan içeri giren ölmüş bakteri artıklarına karşı gösterdiğimiz immün reaksiyonun sonu kompleman yolunu aktive etmeye varabilir. Kompleman yolu aktive olduğunda orada nötrofillerin içinde olduğu bir yok etme savaşı olacaktır. Nötrofillerin içindeki oksijenli su ve çamaşır suyu benzetmesiyle anlattığım serbest radikaller o dokuya zarar verecektir. Bu zararın sonu otoimmüniteye varabilir. Kompleman yolunu dürtmek risklidir. Mukozal immüniteyi güçlendirdiğimizde bu yolu daha az dürtmeyi öğreneceğiz. Bazı durumlarda da kompleman yolu az aktive olur, mesela karaciğerinizde sağlık sorunu varsa, o zaman da patojenlerden kurtulmanız mümkün olmaz. Tekrarlayan kronik enfeksiyonlarla uğraşıp durursunuz.

* Karaciğer **laktoferrin ve ferritin** üretir. Bunun amacı ortalıktaki demiri toplamaktır. Neden demiri toplar? Çünkü *çoğu zararlı bakteriler ve virüsler demire bayılır*. Onlar demiri almasın ve çoğalmaları artmasın diye karaciğer yardıma koşar, demiri depolar. Şiddetli enfeksiyonlarda işte bu yüzden ferritin artar. Ferritin demir deposudur. Virüsler ve bakteriler ile aramızda resmen bir demir savaşı olur. Kronik enfeksiyonlarda anemi bu yüzden olur. Çünkü eritrositler kan yapacak demiri bulamazlar.

Karaciğerin ayrıca bağırsaktan yiyeceklerle gelen her şeyi kontrol eden özel hücreleri vardır. Kupfer hücreleri denen bu hücreler, ağzımıza koyduğumuz her şeyi kana geçmeden kontrol ederler. Kupfer hücreleri aşağıda anlatacağım immün sistemin karaciğerde yaşayan makrofajlarındandır. Eğer karaciğer yağlanması ve siroz varsa bu temizliğin de az olabileceğini anlamak kolaydır.

Nötrofiller, bazofiller, eozinofiller, NK'lar ve karaciğerin ürettiği kompleman sisteminden sonra şimdi yeniden doğal immünitenin kalan askerlerine dönelim. Yani makrofajlar ve dendritik hücrelere. En önemlileri en sona sakladım...

Makrofajlar: Büyük yiyiciler

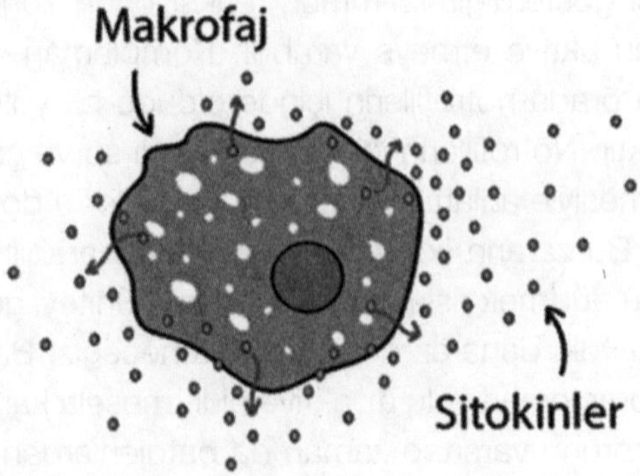

Makrofaj, adı üstünde büyük yiyici. *Makro*, büyük, *faj*, yemek demektir.

Makrofajlar kemik iliğinde yapılırlar. Kemik iliğinden kana geçerler. Kanda dolaşan makrofajlara monosit denir. Monosit ne zaman kandan çıkıp bir dokuya yerleşirse oradaki adı makrofaj olur.

Makrofajlara "büyük oburlar" da diyebiliriz. Makrofajlar profesyonel yiyici hücrelerdir. Makrofajlar ve nötrofiller patojeni *fagosite* ederler. Nötrofillere mikro-yiyici, makrofajlara, makro-yiyici deriz. Fagositoz ise yemek demektir.

Bu ikisini düşününce benim aklıma hep PAC-MAN oyunu gelir. Onlar da Pac-Man gibi patojenleri içlerine alıp yerler.

Makrofajlar enfeksiyon olunca ateşimizin çıkmasını da sağlarlar. Enfeksiyonlarda vücut ısısı 2 derece artar. Bu pek çok patojen için yaşamla bağdaşmadığından ateşimizin çıkması onları öldürmek için etkilidir. Hemen koşup ateş düşürücü almamak gerekir.

* Dolaşan monositler, göreve çağrılınca hasarın olduğu dokuya gidip makrofaj adını alır demiştik. Ancak kanla görev yerine gelen makrofajlar dışında, organların kendi yerleşik makrofajları da vardır. Mesela karaciğer makrofajlarına *Kupffer hücreleri* denir. Yukarıda bahsi geçmişti. Kupffer makrofajları, bağırsaktan gelen her şeyi sürekli filtrelerler. Ağzımızdan giren her şey bağırsaktan sonra karaciğerde kontrolden geçer. Bunların için-

deki zararlıları yakalar, bunların kana geçmelerini engeller. Biz sadece hastayken mi vücutta patojen var sanıyorsunuz? Normal zamanlarınızın normal olması bu makrofaj temizlikçileriyle oluyor işte. Kendilerine ne kadar minnet duysak az...

Deride de yerleşik makrofajlar var, bunların adları da *Langerhans hücreleri*.

Beyinde yok mu peki? Bu kıymetli yere bir zararlı sızarsa kim yok edecek? Var elbette. Beynin makrofajlarının adı da *mikroglia* hücreleridir.

Kemikte oturanlara *osteoklast* makrofajları denir.

Akciğerde alveoler makrofajlar vardır. Bunlar da bizi solunumla gelen toksinlerden, mikroplardan, virüslerden korumaya çalışırlar.

Hepsi bulunduğu bölgenin baş savunucusudurlar.

* Makrofajlar patojeni "yer" yani içine alır.
* İçinde eritici enzimleri ve patojeni küçük küçük doğrayan, adeta dilimleyen sistemleri vardır. Patojen makrofaja girince *fagosite* olmuş yani yenmiş deriz. Adı fagozom olan bir orta merkezleri vardır. Patojeni oraya otururlar. Bazı bakteriler ve bütün virüsler zaten hücrenin içine girip hem saklanmak hem çoğalmak istediklerinden buna çok sevinir, fagozom küvetine yayılırlar. Bu esnada makrofaj *lizozom* denen silah odasından kesici enzimlerini fagozom küvetine döker. Şimdi küvetin adı *fagolizozom* olur. Bu büyük küvette patojen vahşice küçük parçalara ayrılarak dilimlenir.
* Bu dilimlemenin bir amacı patojeni öldürmektir. Ama ikinci amaç daha önemlidir. İkinci amaç, patojenin varlığından ordunun kalanını haberdar etmektir. Makrofaj içeride dilimlediği patojenden, mesela virüsten küçük ama virüsü tanımlayan bir parçayı alır ve üzerine bir bayrak gibi asar. Patojenden alınan ve patojenin kim olduğunu tanımlayan bu küçük parçaya ***antijen*** denir. Makrofajlar antijeni içeren bu bayrakla şunları demek isterler:

- Benim içimde şu patojen var, işte onu anlatan kısım antijen olarak üzerimde yazılı.
- Ama beni de patojen sanıp sakın bana saldırmayın. Üzerimde benim de sizden olduğumu gösteren kendi kimliğim de var.

Makrofajın "bizden" olduğunu immün sistemin bilmesi gerekir. Çünkü kimlik yoksa makrofajı da öldürür. Düşman askerinin yanında kendi askerimiz de heba olmuş olur.

* İşte makrofajın öldürülmemek için üzerine astığı isim kartında yani "name tag"de ***MHC-II*** yazar. Üzerinde bu kimlik olmayan hiçbir makrofaj yoktur. MHC-II makrofajın devriye polisi rozetidir.
* Makrofaj MHC-II kimliğine iliştirdiği patojenin parçasını alıp olay yerinden en yakın lenf noduna gider. Askeri birliklerin sofistike kolu olan edinsel immün sistem orada konuşlanmıştır.
* Ve bu görevi yerine getirdiği anda da o artık sadece bir makrofaj değildir, yeni bir askeri rütbe de almıştır: Rütbesi "Antijen Sunan Hücre" olmuştur. Kısaca APC (antigen presenting cell).
* Bir patojen makrofajlarla lenf noduna sunulursa ona artık patojen demeyiz, ANTİJEN deriz. Çünkü patojenin kendisi değil kıyılmış küçük bir parçası sunulmuştur. Makrofajın sunduğu tüm patojen değil, o patojene ait minik bir antijendir.

Gördüğünüz gibi "dersimiz" her ne kadar çok kolay olmasa da içimizde olup bitenler soluk soluğa izlediğimiz filmleri aratmayacak türde. Zekice bir kurgu, omuz omuza çatışma, tuzağa düşürüp yok etme, heyecan, ne ararsanız var...

Biraz daha bilgi: Bir şey immün sistemi dürtebiliyorsa o şey antijenik özellikte bir maddedir. Bu antijen bakteri, virüs, mantar gibi bir patojenin parçası olabilir. Ama immün sistem masum yiyeceklerdeki proteinleri de antijen sanabilir. Kimyasallar, toksinler, ağır metaller, polenler de antijen olabilir. Makrofajlar sadece patojenleri değil bunları da yer ve edinsel immün sisteme antijen olarak sunargılar. Makrofajlar, eğer mukozalarımız sağlam değilse, oradan içeri giren masum bir yiyecek parçasını da antijen diye sunarlar. Böylece suçsuz bir yiyecek, antijen sıfatını alarak adını lekeler. Gereksiz bir savaş sebebi oluverir.

Makrofajlar vücuda zararlı olduğunu düşündükleri her şeyi yok etmek isterler. Mesela yaptırdığımız bir dövmenin yıllar içinde solduğunu biliriz. İşte boyalı hücreleri vücuda uyumsuz bulup, gide gele tırtıklaya tırtıklaya yiyip yok eden de makrofajlardır.

Makrofajlar nekroz olmuş vücut dokularını da yerler. Peki ne demektir nekroz? Travmayla, enfeksiyonla, toksin sebebiyle, yaşlanmayla veya oraya giden kan akımının azalmasına bağlı olarak dokunun haraplanmış, ölmüş olması demektir. Nekroze olmuş doku orada öyle bırakılmaz, temizlenmesi gerekir. Makrofajlar onu yerler.

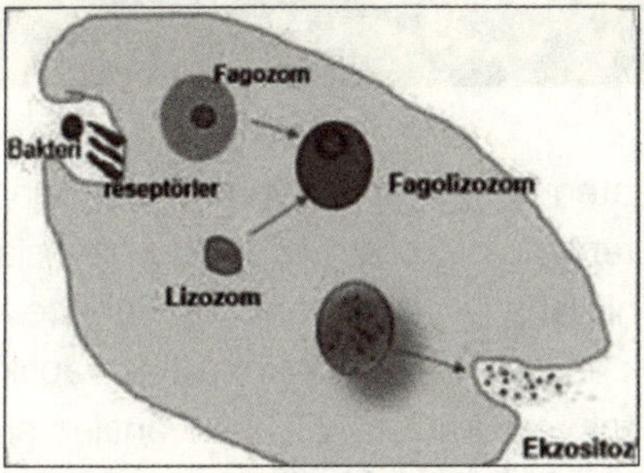

Bunun dışında eskimiş hücrelerimiz her gün gönüllü olarak intihar ederler! Buna da "apoptoz" denir. Apoptoz ile eski veya hasarlanmış hücre intihar eder. Ne müthiş değil mi? Biz yaşayalım diye, bütünün faydasına kendilerini feda ederler. Bu kahramanların cesetleri de makrofajlar tarafından kaldırılır. Nekroz ve apoptoz ile hasarlanan hücrelerin vücutta birikmesi yaşla gelen kronik hastalıkların sebebidir. Yetersiz apoptoz olması temelde yaşlanmanın sebebidir. Otoimmünitede rolü vardır. Bu ölü ve hasarlı hücrelerin temizliği için makrofajlar gerekir. Dediğim gibi makrofajlar büyük oburlardır, içerde olan ve dışardan gelen her zararlıyı ya da zararlı sandıkları şeyi yerler. Makrofajların bir kızgın ve agresif tipi vardır, bunlara M1 makrofajları denir. İşlerini çok gürültülü yaparlar. Bir de sessiz çalışan sakin tipleri vardır, bunlara da M2 makrofajları denir. Bunları da ileride tanıyacağız.

Son olarak doğal immünitede makrofajların aynısı ama daha "tipsizi" başka hücreler de vardır: Dendritik hücreler.

Dendritik hücreler: DC'ler

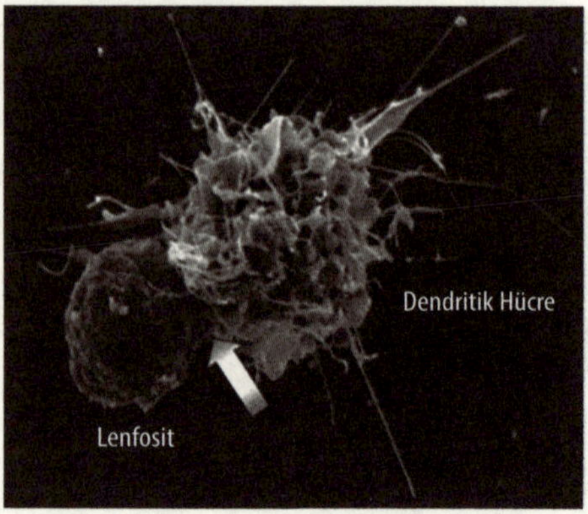

Makrofajlar zaten tipsiz, yamuk yumukken, dendritikler iyice çirkindir. Uzun, ahtapot gibi kolları vardır. Bu uzantılarla aralara girip saklanan patojeni daha iyi yakalayabilirler. Sadece kolları yüzünden bunlara dendritik hücreler denir. Makrofajlarla yaptıkları iş benzerdir. Bunlar da patojeni yer, dilimler, APC yani antijen sunan hücre haline gelip, antijeni lenf nodundaki ekibe sunarlar. Dendritikler mukozalarda, özellikle bağırsakta çoktur.

Burada şu önemli noktayı vurgulayalım: APC olan makrofajın ve DC'nin lenf noduna gitmesi ve antijeni sunması immün sistemin ilk aşaması olan doğal bağışıklık kısmını bitirir. Tam bu noktadan sonra edinsel bağışıklık devreye girecektir. APC'ler doğal ve edinilmiş bağışıklık arası köprüdür.

APC'ler olmasa edinsel bağışıklığın patojenden haberi olmaz, olayı ruhu duymaz. İlla bir haberci bekler. Bağışıklık sisteminde dananın kuyruğunun koptuğu en önemli yer de burasıdır. APC olduktan sonra sistem geri dönülmez yola girer ve asıl büyük savaş bu andan sonra başlar.

Artık savaşın son aşamasına doğru ilerliyoruz. Ve bu noktada aşağıda anlatacağım edinsel immünite devreye giriyor. Ama öncesinde bir konu özeti, bir toparlama yapalım:

İlk aşama mukozadaki ve derideki bariyerin kendini korumasıydı. Bunu mukozal immünite bölümünde daha detaylı anlatacağım.

İkinci aşama mukozadan girenlerle yapılan kale savaşıydı. Bu savaşta nötrofiller, NK'lar, kompleman sistemi, dendritik hücreler ve makrofajlar yer aldı. Savaşın buraya kadar olan süreci doğal immünite kısmıdır.

Bitkilerde dahi olan ilkel savunma (doğal immünite) ile modern bağışıklık (edinsel immünite) arası köprü, APC'lerdir. Haberi verebilmek için taa lenf nodlarına kadar giderler. Bilirsiniz, enfeksiyonlarda lenf nodları şişer, işte orada edinsel bağışıklığın elemanları T ve B lenfositleri vardır. Bunlar olayı haber alınca sayılarını artırırlar, hacimleri büyür, bu yüzden lenfler şişer. Yoksa orada bakteri yoktur. Enfeksiyon geçince de sayıları azalır, lenflerin şişi iner.

Bir enfeksiyonla organize şekilde ekip olarak savaşmak, savaş sonrası antikor geliştirmek ve bunu hafızaya almak, bağışıklığın sofistike kısmının işidir. Bu şekilde patojenin ikinci gelişinde enfeksiyondan korunmamızı, ona bağışık olmamızı sağlar. Bu yolları doğru yürüyebilmek için de doğal bağışıklığın edinsel immüniteye haber vermesine ihtiyacımız var. Edinsel immüniteye haber gitmezse; patojenin girdiği yerde sadece lokal savaş olur; makrofajlarla, NK, kompleman sistemi ve nötrofillerle yapılan lokal doğal immünite savaşı çok uzar. Çok fazla doğal immünite aktivitesi olursa bu durum dokunun kendisine de zarar verir. Patojenle savaş, savaşın olduğu bölgedeki dokuyu haraplar. Bu yüzden doğal bağışıklık sistemi savunmasının kısa tutulması, devreye daha sofistike olan edinsel bağışıklık sisteminin girmesi gerekir.

Edinsel immünite, evrimleşmede sonradan devreye girmiştir. Sadece vertebralı (omurgalı) canlılarda vardır. Sofistike sıfatını ise çok ince ayarlar yapabilmesinden alır.

Edinsel bağışıklık elemanlarını tanımadan önce bu iki sistem arasındaki temel farklara bakalım:

Bu QR kodu okutarak bölüm hakkındaki videoya erişebilirsiniz.

Buraya not alabilirsiniz

Doğal ve edinsel immünite arasındaki farklar

* Doğal immünite yani doğal bağışıklık lokal savunma iken edinsel immünite genel savunma ve hafızalama işidir.
* Doğal bağışıklık bin kadar yabancıyı birbirinden kabaca ayırabilir. Edinilmiş bağışıklık milyonlarca sayıda pek çok antijeni küçücük farklarına rağmen birbirinden ayırabilir.
* Doğal bağışıklık ilkel sistem iken edinilmiş bağışıklık sonradan gelişmiştir.
* Doğal bağışıklık ilk savunmadır ve hemen, hızla devreye girer yani ilk 72 saatte. Edinilmiş bağışıklık ise bu saatten sonra devreye giren ikinci savunmadır.
* Doğal bağışıklık patojene spesifik değildir ve hepsinin belli kısımlarını PAMPS ve DAMPS'larından tanır. Edinilmiş bağışıklık patojene, yani antijene spesifiktir. Hepsini tek tek en ince ayrıntısına kadar adıyla sanıyla tanır. Mutasyon geçiren virüsün yeni versiyonlarını da tanır.
* Doğal bağışıklık hafızaya sahip değildir. Patojen her geldiğinde ilk defa görüyormuş gibi davranır. Edinsel bağışıklık bilgiyi hafızaya alır. Tekrar karşılaştığında hazırlıklıdır.
* Doğal bağışıklık hücreleri özel bir eğitimden geçmez. Doğuştan ne yapacaklarını bilirler. Edinsel bağışıklık hücreleri olan T ve B lenfositleri ise mutlaka öncelikle özel bir eğitimden geçerler.
* Doğal bağışıklık genelde sınırlarda yani mukoza ve deride çok fazladır. Çünkü gireni ilk karşılayacak, ani ve hızlı tepki verecek ekip onlardır. Sınırların kıyısında doğal bağışıklık yüksek olmasa edinilmiş bağışıklığın devreye gireceği 72 saat sonraki zaman diliminde patojeni oyalayamazdık. Edinsel bağışıklığın bağırsak

gibi bazı özel sınırlarda askerleri olsa da çoğu lenf nodlarındadır.

* İkisinin ortak yönü ise şudur: Ne doğal bağışıklık ne de edinilmiş bağışıklık kendine yani bize saldırmaz. En azından olması gereken budur. Doğal bağışıklık bunu daha iyi yapabilirken edinsel bağışıklık hata yapmaya açıktır.

Bakalım edinsel kısım nasıl doğru çalışıyor ve bize saldırmadan, zararlı antijenleri, virüsleri, bakterileri, kanserli hücreleri nasıl öldürüyor.

"Doğru çalışmasa ne olur?" diye içinizden geçiriyorsanız hemen söyleyeyim: Otoimmün hastalıklar, alerjiler ve kanser! Bu kitabın amacı da zaten onu doğru yolda tutmayı öğrenmek.

Edinsel immünite

Sofistike ordumuz

Her ne kadar devreye ilk olarak doğal bağışıklık girse de uzun yaşam için sadece doğal bağışıklığa güvenemezdik. Hafızası olmadığı için her tehlikeye aynı gümbürtüyle cevap veren doğal bağışıklık, bitmek bilmeyen bir inflamasyona sebep olabilirdi. Patojenin vücuda tekrar tekrar girdiği her seferinde olaylar köpürürdü. Bu durumda organlarımız da zarar görürdü. Bu yüzden insanlar ve diğer vertebralılarda edinilmiş yani sonradan kazanılmış bağışıklık gelişti. Biz ve diğer vertebralılar uzun yıllar karşılaştığımız her zararlıya karşı bağışıklık hafızası geliştirerek daha uzun hayatta kaldık ve sürekli hastalanmadık.

Başlıkta "sofistike" dedim ya, bu sıfat hiç de abartılı değil. Edinilmiş bağışıklık geçmişe dair ne olup bittiğini raporlama konusunda o kadar geniş bir repertuvara sahiptir ki hafızasında tuttuğu "patojenlere ait bir parça" demek olan "antijen" bilgisi milyonlarcadır. Tonla bakteri, virüs, parazit, mantar vs.'nin bilgisini taşır. Hiçbir şeyi unutmaz, titizlikle dosyalar.

Bu bilgi hafıza hücrelerinde saklıdır. Ancak hayat boyu biriktirdiğimiz hafıza hücreleri kanda her zaman sayıca yüksek değildir. Bunlar olayın olduğu dönemde savunmayı güçlü tutmak adına yüksekken yeni tehdit yoksa zaman içinde giderek azaltılırlar. Zaman içinde bir patojene karşı antikor sayımızın düşmesi veya aşılanmadan sonra yüksek olan antikorlarımızın giderek azalması bu yüzdendir. Ama o patojen vücuda girdiği anda yine anında sayıları hızla artar. Ve işin ilginç yanı patojene ilk karşılaştıkları seferden çok daha hızlı cevap verirler. Bu da çok mantıklı. Çünkü artık düşmanı tanıyorlardır. İkinci karşılaşmada, bağışıklığımız varsa cevabımız çok hızlı olur, hastalandığımızı bile anlamayabiliriz. Patojen yokken bağışıklık antikorlarının az sayıda olup patojeni anlatan kısım olan antijeni görür görmez çoğalmalarına "klonal çoğalma" denir.

Edinilmiş bağışıklıkta lenfositler yer alır. Her biri kendine ait bir görev yapar. Hepsi kendi sorumlu olduğu zararlıyı, patojeni, antijeni bilir. Sadece ona rastlarsa çoğalır. Hayat boyu işi o antijenin, vücuda gelip gelmediğini kontrol etmek, gelirse çoğalmak, gelmezse sessizce beklemektir. Elinde Külkedisi'nin ayakkabısıyla dolaşıp ona uyacak ayağı arayan prens gibi sadece kendine uygun antijene cevap verebilir. Hepsi görevlerini bir kere ezberlediklerinde bu göreve sadık kalırlar. Bu şekilde de sayıları milyonları bulan antijenin bilgisi hafızadadır. Antijen geldiğinde çoğalarak bizi hastalıklardan korurlar.

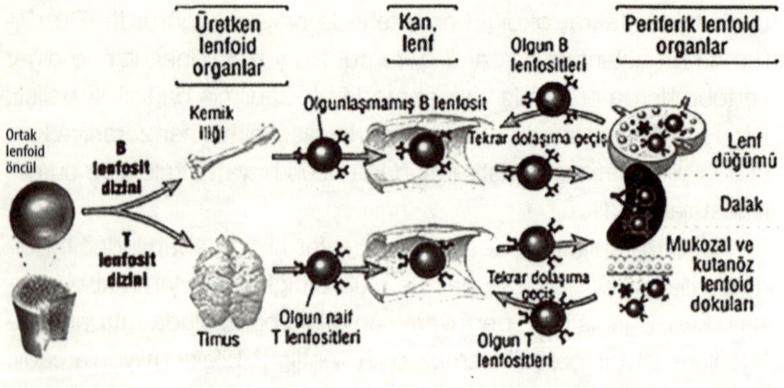

Edinilmiş bağışıklık hücreleri T ve B lenfositleridir. Kemik iliğinde yapılırlar. Kemik iliğinde yapıldıktan sonra önce eğitilirler. Evet, eğitim şart. Çünkü ilk oluştuklarında eğitimsizdirler. Hepsi eğitimden geçer, sınavı geçenler, olgun yani göreve hazır hale gelirler.

Eğitilmiş T'ler çoğunlukla lenf nodlarında bulunurlar. Hareket etmezler. Kendilerine antijen sunulmasını beklerler. B'ler lenf nodunda vardır ama kanda da dolaşırlar. B'ler bir anlamda edinsel immünitenin mobil grubudur.

Edinilmiş bağışıklığın en önemli özelliği, tonla yabancıyı tanıdığı gibi kendini yani bizi de iyi tanıyıp bize saldırmayışıdır. Bu ayrımın doğru yapılmasına "self tolerans" denir. Edinilmiş bağışıklık "self tolerans"lı olmalıdır. Bunu eğitimde öğrenirler.

Edinilmiş bağışıklık hücrelerinin hepsi askeri eğitimden geçer. Kendine toleranslı olmayı bebeklikten itibaren öğrenirler. Sadece düşmanı ya da bizden olanı değil bizden olmayan ama masum unsurları da tanımalı ve onlara da toleranslı olmalıdır. Mesela yiyecekler, polenler, dost bakteriler gibi...

İşte bu sistemin kendine toleranslı olmaması otoimmünitenin, masumlara toleranslı olmaması ise alerjinin sebebidir. Bir de gereksiz tolerans gösterebildiği kanser hücreleri vardır ki o da başka bir hatalarıdır.

Şimdi yavaş yavaş konunun merkezine inelim. Edinsel bağışıklığın hücrelerini tanıyalım. T ve B lenfositlerini.

İmmün sistemi bir havaalanı güvenliği gibi düşünün. Öyle elini kolunu sallayarak gezemezsin. Her tarafta kameralar var, şüpheli hareket edersen yakalanırsın. Daha önce anlattığım doğal katil hücreler NK'lar şüpheli gördüklerini öldürürler. Tek güvenlik noktası yoktur, aşama aşama güvenlik kontrolü olur. Önce doğal immünite senden hesap sorar, tehlikeli bulursa da edinsel immüniteye haber verir. İşte şimdi onları tanıyoruz.

Basitçe T ve B lenfositlerinin alt gruplarını da yazarak ilerleyeceğim ama karışık gelirse korkmayın, tek tek ve anlaşılır biçimde bu muhteşem ordunun askerlerini size tanıtacağım.

T'lere *hücre içindeki antijenlerle* ilgilendikleri için *hücresel,*

B'lere de kanda ve dokuda olan mobil *hücre dışı antijenlerle* ilgilendikleri için sıvısal manasına gelen *hümoral* hücreler denebilir.

Unutmayalım; T lenfositleri hücre içindeki düşmanla, B lenfositleri kanda ve dokularda dolaşan düşmanla savaşır.

Edinsel bağışıklık sisteminin akış sıralaması şöyledir:

Antijen sunumu T'lere yapılır. T'ler antijenle savaşa yardım ederler. Aynı anda antikor yapmaları için B'lere haber verirler. Yani devreye önce T'ler girer, en son da B'ler.

Şu sıralamayı hiç unutmayalım:

Mukozadan giren patojen → Makrofaj veya DC → APC → antijen sunumu → T lenfositleri → B lenfositleri → antikorlar → kalıcı bağışıklık

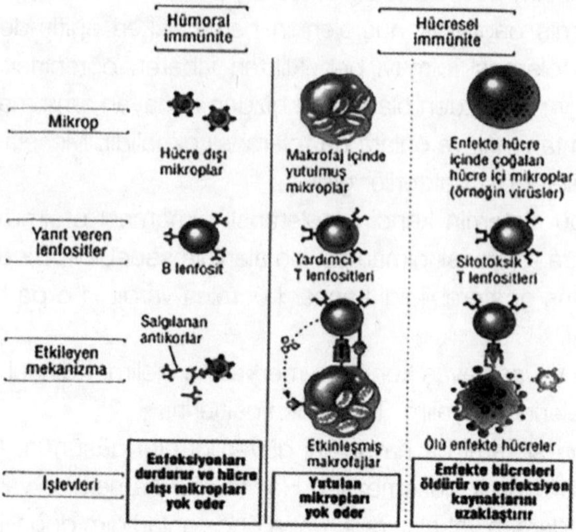

T lenfositleri kimlerdir:

Bu grupta olanlar:

1. **Yardımcı** T hücreleri yani **T helper**.
   Bunlar iki tiptir: Thelper 1= **Th1** ve T helper 2 = **Th2.**
2. **Öldürücü** T hücreleri yani **T sitotoksik** (toksik ifadesini korkutucu gibi aklınızda tutabilirsiniz)
3. **Regüle** eden T hücreleri yani **T regülatörler** vardır.
4. **Th17** isimli bir grubumuz daha vardır.

B lenfositleri kimlerdir:

B lenfositleri, immünoglobulinlerdir. IgA, IgM, IgG, IgE, IgD isimli alt grupları vardır.

Temel elemanlarımız bunlardır. Şimdi görev dağılımına bakalım: Doğal bağışıklık hücrelerinden antijen sunan hücreler (APC), immün sistemin ikinci grubunu yardıma çağırır demiştik ya; ilk haber "T" lenfositleri grubuna gider. O yüzden ben de anlatmaya T lenfositlerini tanıtarak devam edeceğim. Şahsen benim en sevdiklerim de bunlardır.

T lenfositleri

T hücreleri ile "hücresel" edinsel bağışıklık

Şimdi soralım: Neden T lenfositlerine ihtiyaç vardır?

Cevap: Bir antijenin vücutta nerede olduğuna göre immün sistemin farklı kolları harekete geçer. Antijen veya patojen hücrenin İÇİNDE mi, yoksa DIŞINDA mı sorusu immün sistem için çok önemlidir. Eğer hücrenin içinde ise B'ler bu konuda hiçbir şey yapamazlar. O patojeni yok edemezler. B'ler hücre içinde olan bitene karışamazlar çünkü onlar kan ve dokulardaki antijenlerle ilgilenirler. Antijen hücre içinde ise edinsel bağışıklığın hücresel kısmı T'lere ihtiyaç vardır.

Peki neler hücre içindedir ya da hücre içine girebilir?

Cevap: Virüsler hücre içindedir. Tüberküloz yapan bakteri gibi bazı bakteriler hücre içindedir. Bazı mantarlar da hücre içine gizlenebilir.

Ve o pek hazzetmediğimiz tümör hücreleri de hücrenin içindedir.

Bunların hepsini ayrı ayrı tanımlayan antijenleri vardır. Antijen dediğimiz şey normalde bizde olmayan, düşmana ait yapılardır. Mesela virüslerin DNA ve RNA'ları bizden farklıdır. Bakterilerin lipid yapılı yağları, dış kabukları, bazı bakterilerdeki karbonhidrat parçaları veya bakterinin kuyruğuna ait yapılar, onlara ait proteinler bizde yoktur. Biz bu farkları antijen olarak algılarız. Doğal bağışıklığın elemanlarından makrofajlar ve DC'ler, patojeni yer ve APC rütbesiyle antijeni T lenfositlerine sunar. Bu hücre içi antijenler, adı üstünde *hücresel* T lenfositleri savunması ile yok edilmelidir.

İmmün sistemimizin iyi çalışmasını istiyoruz. Düşmanı ve bizi iyi tanımasını istiyoruz. Hatasız çalışan T hücresi demek iyi eğitim almış T hücresi demektir. T'lerin nasıl savaştığını öğrenmeden önce, nasıl bir eğitim alarak hem düşmanı hem bizi tanıdıklarını, bu ikisini birbirine karıştırmamayı nasıl bildiklerini öğrenelim: Şimdi T'lerin okul yıllarına gidiyoruz.

T lenfosit okulu: Timüs

Hücresel inmünitede yer alan T lenfositlerinin adındaki "T" harfi timüs organından gelir. T'lerin, vücuda saldırmamayı, sadece zararlı şeylere saldırmayı öğrenebilmesi için timüste eğitim almaları gerekir. Bu eğitim hayatının başarılı olması, T talebelerinin sınavlarını verip sınıflarını geçmesi bizi hayat boyu otoimmünite, alerji ve tümörlerden koruyacaktır. Timüs Okulu bu yüzden tanınmayı hak eder. Öğrenelim bakalım Timüs Okulu nasıl bir yermiş...

* Timüs kelebek şeklinde, küçük gri bir organcıktır. Göğsümüzde, iman tahtamızın arkasındadır. Burası T lenfosit okuludur. T lenfositleri kemik iliğinde yapıldıktan sonra mutlaka önce timüse okula giderler.
* Timüs T lenfositlerine bir milyondan fazla farklı antijeni tek tek tanımayı öğretir. Ona antijenleri sunar.
* T'ler ancak kendilerine APC'lerle antijen sunulursa antijeni tanırlar. Timüs de onlara APC'lerle antijenleri sunar. APC'lerin üzerinde içlerinde antijen olduğunu anlatan bir barkod vardır. Bu barkodun adı MHC-II barkodudur. MHC-II, hem APC'nin bizim vücudumuzun bir parçası olduğunu hem de içinde zararlıyı taşıdığını anlatır. MHC-II bir tür polis rozeti gibidir. MHC-II sayesinde T lenfositleri APC'ye saldırmamayı, onun bizim ordumuzdan olduğunu anlarlar. Mesela makrofajlar ve DC hücreleri bu polis rozetini takarak gezerler. Timüste T'ler, polisleri tanımayı öğrenirler. Polisi tanıdıktan sonra da işaret edilen antijeni yok etmek için olayın olduğu bölgeye taarruza koşarlar. Bunu doğru yapmayı öğrenmeleri için timüs eğitim sırasında T'lere tonla MHC-II'li antijen gösterir. Biz nasıl ilkokula gidip harfleri, okuma yazmayı öğreniyorsak T lenfositleri de timüste bu barkodları okumayı, işin alfabesini öğrenirler. Bir T lenfositi eğer MHC-II'yi tanıyamazsa düşmanı da tanıyamayacak demektir. T talebecikleri böyle bir

hata yaptığında öğretmen kulağını çekmekle yetinmez, o T lenfositi mezuniyetini göremez, daha okuldayken imha edilir!

* Timüsün dış kısmında öğretmen timüs hücreleri olan "hemşire hücreler" vardır. Hemşire hücreler, sadece iyi eğitimli, MHC-II barkodunu tanıyabilen T'leri daha iç kısımdaki timüs bölgelerine ileri eğitime alırlar.
* Dış kısımda antijeni ve polisi tanımayı öğrenen T'ler, iç kısımda ise bize saldırmamayı öğrenecekleri eğitimi alırlar. Bu eğitim şöyle gerçekleşir: Vücudumuzda APC görevi yapmayan yani polis olmayan diğer tüm hücrelerimiz de bir kimlik taşırlar. O kimliğin adı da *MHC-I kimliğidir*. MHC-I'i tıpkı bizim TC kimliğimiz gibi düşünebilirsiniz. Bu kimlik "Ben bu ülkenin vatandaşıyım" demektir. T'ler, MHC-I'i düzgün olan hiçbir hücreye saldırmamalıdırlar. Buna kendine tolerans manasında "self tolerans" denir. Böylece T'ler kendi vatandaşına saldırmamayı yani self toleransı öğrenirler. MHC-I'i doğru okuyamayıp kendi vatandaşına saldıran T'ler de imha edilir. Timüs bunları daha "okulda"yken öldürür ve dışarıya göndermez.
* Kemik iliğinde oluşan T'ler işte bu eğitimi almak ve olgunlaşmak için timüse giderler. Eğitim sert, sınıf geçme başarısı çok ama çok düşüktür. Timüs eğitimini tamamlayıp mezun olmak ülkenin en iyi okullarına girmekten daha bile zordur. Buraya gidip eğitim alanların yüzde 98'i sınıfta kalır ve öldürülür. Ancak yüzde 2'si mezun olmayı başarır. Bu yüzden de yaş ilerledikçe timüs içi ölmüş T lenfositlerle dolu, iyice küçülmüş bir organcık haline gelir. Bebeklik ve gençlikte aktif ve büyücek bir organken, olgun yaştan itibaren küçülür ve artık T'lere eğitim veremez. Bu yüzden ileri yaşlarda hem dışarıdan gelen hem de içerideki zararlılara karşı bağışıklık savaşımız azalır. Çocuklarda timüs çok aktiftir. Bu yüzden çocuklar daha hızlı iyileşirler. Mesela virüsleri kolay atlatırlar. Çocukken kanser az görülür. Sonuçta temelde virüs ve kanserle savaşan T'lerdir. Tekrarlayayım çünkü önemli; virüs ve kanser savaşı T'ler ile yapılır.
* Eğitim sert, hocalar acımasız, kulak çekmek yerine direkt imha ediyorlar ama bazen timüste aslında sınıfı geçemeyeceği halde aradan kaçıp mezun olanlar da olur. Tıpkı kopyayla mezun olan

öğrenciler gibi. Mezun olurlar olmasına ama olan bize olur. Çünkü bunlar self toleransı bilmez, bize saldırırlar. Bu da bazı insanlardaki otoimmün hastalıklara yatkınlığı açıklar.

* T'ler iyi eğitimli olsalar bile hata yapmaları da muhtemeldir. Doğal bağışıklık polisleri makrofaj ve DC'ler yakaladığı bir düşmanı MHC-II kimliklerini takarak T'lere sunar, onları harekete geçirirler. Ama onlar da hata yapabilir, vücuda ait bir yapıyı düşman diye APC'ler T'lere sunarsa, T'ler otoimmün hastalıkları başlatırlar.
* Timüste eğitimlerini başarıyla tamamlayan T'ler artık olgunlaşmış T'lerdir. Bunlar bizi hayat boyu korumak için timüsten mezun edilirler. Timüsten çıkıp lenf nodlarına gider, görev için çağrılmayı beklerler. İşleri budur.

Zorlu eğitim tamamlandı. T talebelerimiz başarıyla mezun oldu. Artık göreve hazırlar. Timüsten çıkan T'ler mezuniyetten sonra lenf nodlarına, lenfle ilgili diğer organlara giderler. Tüm lenf nodları, dalak, apandisit, bademcikler yani tonsiller, kemik iliği, bağırsaktaki Peyer plakları denen hücreler lenfoid organlardır. Buralarda bolca T lenfosit bulunur. T lenfositlerimiz artık bu organlarda ikamet eder, oralarda muhtemel bir saldırganın kendilerine haber verilmesini beklerler. Bekleyen, henüz görevi olmayan T'lere *naif T'ler* denir. Masum, henüz düşmanla karşılaşmamış oldukları için. Düşmanı APC sayesinde tanıdıkları anda ise *efektör* yani *etkili T'ler* haline gelirler.

T hücresinin daimi işi vücutta olmaması gereken virüs, mikrop, hasarlı hücre, kanser hücresi veya zararlı kimyasalları doğru tanımaktır. Bunları tanıdığı anda hem bizi savunup onları öldürür hem de nihai bağışıklık için hafızaya alınsınlar diye B'lere haber vererek antikor yaptırır.

Eğitimli T lenfositleri görevlerine göre farklı alt gruplara ayrılır.

1- Yardımcı T'ler, Thelper'lar

Bunlar da kendi aralarında ikiye ayrılırlar: Th1 ve Th2'ler olarak.

Adı üstünde "helper" yani yardımcıdırlar. Helper T'ler düşman öldüremez ama öldürecek askerleri desteklerler. Mesela hücrenin içine saklanmış bir virüsü öldüremezler ama öldürsün diye başka

T'lere haber verirler.

Bu iki alt helper T grubundan Th1'leri tanıyalım. Şahsen T'lerin içinde de en sevdiğim bunlardır.

Th1 hücreleri:

Bunlar hücre içine girmiş bir virüsü kendi öldürmez ama onları öldürecek ekibi harekete geçirirler. Bu operasyon da şu şekilde gerçekleşir:

Makrofajlar, vücuda giren düşmanı içlerine alır, Pac-Man gibi yerler. Yani fagosite ederler, içlerinde onu kıyıp küçük parçalara ayırırlar. Düşmanı tanımlayan bir parçacığı da antijen olarak bunlara tanıtırlar. Makrofajın üzerinde MHC-II kimliği olduğu için, Th1'ler onun bizden bir polis olduğunu bilir, sadece antijene odaklanır.

Th1'in ilk işi, makrofajları geri dürtmektir. Onlara hızla çoğalmalarını emreder. Böylece hem daha çok düşmanı antijen haline getirmek yakalanmalarını mümkün kılar hem de onları iyice öldürücü moda sokar. Buna makrofajları "aktive etmek" denir. Th1'lerin aktive ettiği makrofajlar, kızgın tipli gürültücü M1 makrofajlarıdır. Th1 sayesinde M1 makrofajlar coşar. Deli gibi inflamatuar sitokin salarlar. Sitokinlerin vücuttaki tüm immün sistemi harekete geçiren WhatsApp'çılar olduğunu zaten biliyorsunuz. Sitokinler arttıkça immün sistemin savaşı şiddetlenir.

Th1'ler makrofaj çoğaltma ve coşturmayı "interferon" salarak yaparlar. *İFN* kısaltmasıyla yazılan bu madde tam bir virüs silahıdır. Virüsün üremesini durdurabilecek şey İFN'dir. İFN ile makrofajlar orta karar öldürücülükten turbo öldürücülüğe geçerler.

Bu turbo mod, virüs için kötüdür ama uzun sürerse bize de zarar verir. Coşmuş M1 makrofajlarının susturulamazlarsa bize nasıl zarar verdiklerini de anlatacağım. Şimdi dengeli çalıştıkları dönemi anlatıyorum.

Th1, İFN ile makrofaj dürtmenin yanında, yine kendisi gibi bir T lenfosit türü olan öldürücü yani *sitotoksik T'leri* de coşturur. Th1'ler kendi savaşmaz ama böyle diğerlerine gaz verme işini çok iyi yaparlar. Bir anlamda tezahüratla motive edip asıl pis işi onlara yaptırırlar. Th1 bunu yapabilmek için yine sitokin ile haber yollar.

Th1'den sitokin WhatsApp mesajı alan sitotoksik öldürücü T'ler, içinde virüs olan hücreyi öldürürler. Virüsü direkt öldüremezler, hücreyle beraber toptan öldürürler. Bu bakımdan doğal bağışıklıktaki NK'lara benzerler. Böylece içinde virüs çoğalan hücre toptan yok edilir.

Sitotoksik T'leri biraz daha anlatayım, daha çok ilgiyi hak ederler çünkü.

Vücuda ait normal bir hücrenin, mesela akciğerdeki bir hücrenin içine virüs girmişse elbette ona önce doğal bağışıklıktaki katil hücreler olan NK'lar ve profesyonel yiyici makrofajlar saldırır. Ama bu, olayın başında olur. Artık sizin de bildiğiniz gibi doğal bağışıklık savunması kısa olmalıdır. Uzarsa bu savunma akciğerin kendisine de zarar verebilir. Bu yüzden makrofajlar Th1, o da öldürücü sitotoksik T'lere haber verir. Yardım gelir.

Şimdi biraz da hücre içine girme meselesini konuşalım. Ne işleri var bu virüslerin hücrelerimizin içinde diye düşünüyorsanız nedeni çok basit. Virüsler illaki bizim hücrelerimize girmek isterler çünkü kendi başlarına yaşayamaz, kendi malzemelerini üretemezler. Bir anlamda "ekmek kavgası" diyelim. Onlar da karınlarını doyurmak, hayatlarını sürdürmek zorunda. Ama giriş için birtakım aşamalar var. Mesela doğru kapıdan girmek gibi. Her virüs hücremize girmeyi kendine uygun hücre reseptörüne yapışarak gerçekleştirir. Girmeyi başardıktan sonra da "imkânları" sonuna kadar kullanır. Mesela akciğer hücremize giren bir virüs, bizim hücremizi mini bir fabrikaya çevirip, kendini çoğaltmak için ne lazımsa bize ürettirir. Bizim zavallı akciğer hücremiz ise bu durumla baş edebilmek için kendini feda etmek zorunda kalır. Sitotoksik T'ler akciğer hücresinin içinde virüs olduğunu anladığı anda tüm hücreyi öldürür.

Peki sitoktoksik T'ler o hücrenin virüslü olduğunu nasıl anlıyorlar?

Cevap: TC kimliğine bakarak. Hani her hücremizde o hücrenin bizim vücudumuzun vatandaşı olduğunu anlatan MHC-I kimliği olduğunu söylemiştim ya, işte bu o hücrenin TCKN'si gibidir. Sağlıklıyken hücrenin TC'si net okunabiliyorken, içine virüs girdiğinde TC nosu silikleşir. Çünkü virüs, içeride hücreyi kendi malzemelerini ürettiren fabrikaya çevirdiği için, bizim hücremiz MHC-I'ini yeterince üretemez. Tıbbi anlatımla, hücre üzerindeki MHC-I kimliği sayıca azalır. İşte akciğer hücremizin içinde virüs çoğaldıkça kimliği silikleşirse sitotoksik T'ler, içeride bir iş döndüğünü anlar, o hücreyi toptan yok eder. Tümör hücrelerini de böyle tanır, öldürürler. İçinde tümör olan hücreyi toptan yok ederler. Sitotoksik T'ler çok çok öldürücüdür, bize de saldırmamaları için dua etmeliyiz. Ama işte saldırdıkları için yaşadığımız hastalıklarımız var, bağırsak hastalıklarının çoğu mesela. İleride öğreneceğiz.

Sitotoksik T'ler ne yaparak o hücreyi öldürürler?

Cevap: Sitotoksik T'lerin kendilerine has iki silahı vardır:

Birincisi *perforin* denen, adı üstünde hücreyi perfore eden (üzerinde delikler açan) enzimlerdir. Perforinler hasta hücremizin dış zarında delikler açar, hücrenin içi ortalığa saçılır ve hücre ölür.

İkincisi ise *granzimlerdir.* Granzimler hücreyi intihar etmeye zorlarlar. Apoptoz denen, hücrenin gönüllü olarak kendini öldürmesini sağlayan sistemi aktive ederler. (Buna Caspas yolu denir.)

Sitotoksik T'ler iyidir hoştur da ortada çok ceset bırakırlar. Cesetleri toplama işi ise yine büyük yiyici makrofajlara kalır. Makrofajlar vücuttaki tüm ölmüş hücreleri ya da hücrelerden dışarı akmış hücre artıklarını temizleyen ekiptir. Bu durumu bir film sahnesi gibi düşünürsek bu operasyon sırasında sitotoksik T'ler kötü adamları acımadan öldüren keskin nişancılarsa makrofajlar da bu çatışmadan sonra ortalığı temizleyen cenaze levazımatçıları olurlar.

Sitotoksik T'lerin bir kısmı savaş bitince *memory T*'lere yani *hafıza T* hücrelerine döner. Bunlar uzun yıllar o antijene karşı hazır asker olarak beklerler. Virüslerle enfeksiyon geçirdiğimizde hafıza T'ler bir sonraki yıl da o virüsü veya ona benzer aynı grup virüsü tanıyabilir. Böylece daha hafif hastalanırız. Hafıza T'ler, cilt ve mukozalarda yani sınırlarımızda çoktur. Özellikle bağırsak mukozasında bulunurlar. Bağırsak steril bir ortam değildir, orada her dakika bakteri olduğu için, bunların zararlıları bağırsak hücrelerine girerse yukarıdaki uzun yolun yürünmesi yerine hafıza T'ler hemen öldürmeye hazır beklerler. Ama işte fazla çalışırlarsa da inflamatuar bağırsak hastalıklarına sebep olurlar.

Sitotoksik T'lerin ne kadar süre çalıştıkları önemli bir konudur.

Keskin nişancılar dedik, sitotoksik T'ler en öldürücü silahlarımızdır dedik ama bir noktada durmazlarsa kurunun yanında yaşı da yakar, dokuyu da hasarlarlar. Bunu bir nebze olsun kontrol etmek için immün sistem onları tükenmişlik sendromuna sokar. Uzun süren enfeksiyonlarda veya vücutta çok fazla virüsün bulunması gibi durumlarda sitotoksik T'ler öldürme işleminden yorulurlar. Bu durumda onlara *exhausted* yani *tükenmiş sitotoksik T'ler* denir. Sayıları da azalır. Bir enfeksiyon uzun sürerse veya çok virüs yükü varsa sitotoksik T'ler tükenmişlik sendromuna yakalanırlar. Bu bizi doku hasarından korur ama bu durum, B lenfositlerinin antikor yapmasından önce olursa, bağışıklık geliştiremeyiz, virüsün çoğalması hızlanır, hastalık kötüleşir. O yüzden virüs yükü ile Th1 ve sitotoksik T'lerin devreye girme dengesi, enfeksiyonun gidişatının hafif mi ağır mı olacağını belirler.

Savaşın sürekli olmaması, virüs ölünce bir noktada durması gerekir. Savaş bitince eli silahlı askerler ortalarda dolaşmamalıdır. Artık bağışıklık ve iyileşmenin devreye girmesi zamanıdır. Virüse karşı bağışıklık olması için antikorların yapılması lazımdır. İşte burada da sahneye Thelper'ların diğer kolu Th2'ler girer. Şimdi onlar bunu nasıl yapıyor, öğrenelim...

Thelper 2: Th2

Tıpkı APC hücrelerinin Th1'lere haber vermesi gibi, Th2'ler de B lenfositlerine haber verir. B'ler devreye girmelidir ki düşmana karşı antikor ve kalıcı bağışıklık sağlansın. Th2'ler, hücrenin içine henüz giremeden kanda veya dokudayken antijeni yakalatmak ve bağışıklık antikoru yaptırmak işini üstlenirler. Th2'ler antikor yaptırınca artık hücreye girmeden virüs yakalanır.

* Th2'ler B lenfositlerine tam da virüsün yapısına benzer, lego gibi ona yapışacak antikorlar yaptırır.
* Aynı zamanda fazla aktif ve savaşçı olan M1 makrofajları sustururlar. Savaş modunda değil ortalık temizleme modundaki sessiz sakin M2 makrofajlarını devreye sokarlar. Th1'lerin ve M1 makrofajların saldığı inflamatuar sitokinleri ise anti-inflamatuar

M2'lerle değiştirirler. Olay yerindeki iyileşmeyi başlatır, o dokuyu tamir ederler. Mesela olay akciğerde geçiyorsa akciğeri iyileştirmeye, üzerinde savaş gerçekleşen dokuyu tamire başlarlar. Th2 devreye girdiğinde Th1'i susturur.

Tüm bunlar olup biterken haberleşme zinciri sitokinler ile sağlanır. Bazı sitokinler savaşı artırır, inflamasyon yapar. Bazıları inflamasyonu azaltır, savaşın bittiğini, dokunun tamir edilmesi gerektiği haberini ilgili birliklere taşır. Bazıları da gelecek için hazırlıklı olmak adına bağışıklık yanıtını oluşturacak sinyalleri taşır. T ve B lenfositler bu sinyallere göre hareket ederler. Aralarındaki sitokinler kanalıyla gerçekleşen sıkı diyalog dengeli bir savaş için önemlidir.

Özetle, helper T'lerin, Th1 kolu, doğal bağışıklıktan aldığı haberle makrofajların ve sitotoksik T'lerin düşmanı yok etmesini aktive ederken, Th2 kolu ise olay bittiğinde ortalığı derleyip toplamaktan, hasarları iyileştirmekten ve antikorların oluşması için B lenfositlere haber vermekten sorumludur.

Th1 ve Th2 arasındaki haberleşme ve bu iki kolun dengeli çalışması önemlidir dedik. Peki neden? Anlatayım...

* Th1 iyi çalışmazsa düşman öldürülemez. Düşman; virüs, bakteri, parazit, toksin veya tümör olabilir. Bunların hepsi de hücre içidir, yani bir yolunu bulup hücrenin içine sızmayı başarabilen düşmanlardır. Ve öldürülmezlerse büyürler, fırsatçı enfeksiyonlara neden olurlar.

* Th1 çok aktifse bu sefer de düşmanı öldüreyim derken düşmanın olduğu organlara zarar verir. Çevrenizde organ nakli yaptırmış birileri varsa bilirsiniz. Nakil yapılan organ vücut tarafından reddedilmesin diye Th1'ler immünsupresif yani bağışıklık baskılayıcı ilaçlarla susturulmaya çalışılır. Çünkü Th1'ler, sitotoksik T'leri aktive ederek o organı vücuttan atma çabası gösterenlerdir. Veya hamilelikte annenin vücudu bebeği reddetmesin diye immün sistem Th1'leri hamilelik boyunca susturulur. Eğer Th1'ler hamilelikte çok aktif ise düşük olur.
* Th1'lerin hatalı veya çok çalışması çoğu otoimmün hastalığın altında yatan nedendir.
* Th2'ler iyi çalışmazsa da antikor oluşmaz.
* Th2'ler iyi çalışmazsa olay bittikten sonra ortalık temizliği olmaz. Vücut iyileşmekte zorlanır.
* Th2'ler aşırı çalışırsa savaş yeri iyileştirme çabası abartılı olur. O dokuda *fibrozis* dediğimiz fazla iyileşme hasarına bağlı büzüşme olur.

* Th2'ler çok çalışırlarsa Th1'i bastırdıkları için hücre içi düşmana bir tür geçiş izni vermiş olurlar. Tümörler, fırsatçı virüsler çoğalır.
* Th2'ler, aynı zamanda vücuttaki helmint ve larvaları da öldüren gruptur. Th2 iyi çalışmazsa bunlar çoğalabilir.
* Th2'lerin hatalı veya çok çalışması alerjik hastalıklar ve astıma sebep olur.

Tekrar edelim:

Th1'lerin vücuda ait yapılara yanlışlıkla sitotoksik T'leri aktive ederek saldırmaları otoimmün hastalıkların temelinde yatar.

Th2'lerin yanlış çalışmaları ise alerjik hastalıklardan sorumludur.

Th1 aktifse Th2'yi susturur, Th2 aktifse Th1'i susturur.

Th1 veya Th2'den birine daha yatkın olmamız biraz genetik, çoğunlukla da erken çocukluktaki yaşam şeklimizden kaynaklanır. Alerji ve otoimmünite konularında bu meseleye yeniden değineceğiz.

Bir de T lenfositlerin regülatör veya supresif dediğimiz bir grubu vardı. Bunlara da kısaca Tregler diyoruz.

Tregler: Adından da anlaşılabileceği gibi bunların amacı sürekli orta yolu bulma, regüle etmedir. Th1 veya Th2'de çok hareket varsa ve bu hareket vücuda zarar verebilecekse, Treg'ler yani T regülatörler devreye girer ve bir orta yol bulurlar. T regülatörler fazla çalışan kolu bastırır. İnflamasyonun kısa tutulmasında da çok önemlidirler.

Düşman yok edildikten çok sonra bile ortalıkta savaş sinyalleri olabilir. Çünkü savaşı köpürten sitokin sinyalleri hâlâ ortada ise inflamasyon devam edecektir. Yine pandemi programlarından hatırlıyorsunuzdur "sitokin fırtınası" sözünü. Bu gereksiz uzamış savaşı bastırmak için Th1 ve Th2 arasındaki dengeyi bulan T regülatörlerdir.

T regülatörler immün aktiviteyi bastırırlar. Mesela T regülatörler olmasaydı hamilelik de olmazdı.

T regülatörler olmasaydı her yediğimiz yemek bizde alerjik reaksiyon yapabilirdi. Yiyeceklere toleranslı olmayı T regülatörler sağlar.

T regülatörler olmasaydı dost bakterilerimize düşman tepkisi verirdik. T regülatörler bağırsak mukozasında onlara tolerans göstermemizi sağlar.

T regülatörler olmasaydı vücudumuzda bizimle birlikte yaşayan parazitler bizi ağır hasta ederdi.

T regülatörler orta yol bulucudur. T regülatörler öldürücü olan sitotoksik T'leri de susturur, sulh sağlar.

Sitotoksik T'ler antijenli hücreyi yani düşmanı öldüreyim derken bu hücrelerle beraber organı da hasarlarlar. T regülatörler ortamdaki bu düşmanın "o kadar da düşman" olmadığını söyleyebilirler. Bazen de bu tepki sistemi yanlış çalışır. Mesela kanser hücreleri T regülatörleri kandırır ve kendilerini vücudun düşmanı değilmiş gibi gösterirler. Böylece sistemden kaçmayı başarırlar. İlerleyen bölümlerde kanser konusuna geleceğiz.

Hadi gelin T lenfositleri toparlayalım:

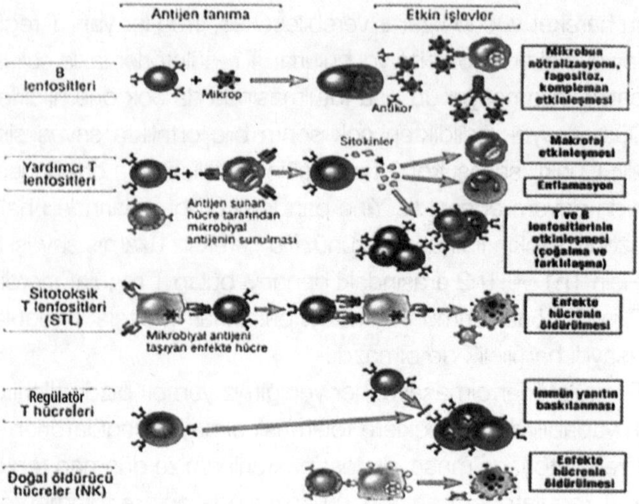

1. Sitotoksik T'ler
2. Yardımcı T'ler (Th1 ve Th2'ler)
3. Regülatör T'ler, Treg

Bir de Th17 ismiyle vücuttaki mantarlarla savaşan T grubu vardır. Th1 ve Th2'leri de yaptıkları işler açısından şöyle toparlayalım.

* Th1 hücre içi antijenlere cevaptır.

Th1 APC'lerle harekete geçer, interferon salar. Makrofajı aktive eder. Sitotoksik T'leri aktive eder. İnflamasyon yapar, sitokinleri artırır. Yanlış çalışması otoimmünite, eksik çalışması kanser ve virüsleri yenememekle ilişkilidir.

* Th2 hücre dışı antijenlere cevaptır.

Th2'ler Th1'leri susturup savaşın ardından dokuda iyileşme yapar, inflamasyonu susturur. B lenfositlerine hücre dışı kanda ve dokudaki antijenler için antikor yaptırır. Yanlış çalışması alerjiyle, eksik çalışması antikor azlığı, artan parazitler ve alerjik hastalıklarla ilgilidir.

T regülatörler, sitotoksik T'ler, Th1'ler, Th2'ler ve Th17; hepsi de dengeli ve orantılı çalışmalıdır. Th1, sitotoksik T'ler ve Th17'ler kızgın tipli, negatif düşünceli, öfkeli T lenfositleriyken, Th2 ve Tregler pozitif, sakin T lenfositleridir. Eğer burada bir denge bozukluğu varsa bunların göstergelerini alerji, astım, kanser, yorgunluk, sık grip olmak, sık uçuk çıkarmak, vücutta parazitlerin çok olması, sedef, egzama, akne, eklem ağrıları, haşimato, kron hastalığı, lupus, İBS, çölyak, MS gibi listesi çok uzun olan hastalıklarla görürüz.

Edinsel bağışıklığın T "askerlerini" tanıdık. Bedenimizde her gün gerçekleşen muharebelerde nasıl rol aldıklarını öğrendik. Şimdi gelin B'lere geçelim.

Bu QR kodu okutarak bölüm hakkındaki videoya erişebilirsiniz.

Buraya not alabilirsiniz

B lenfositleri

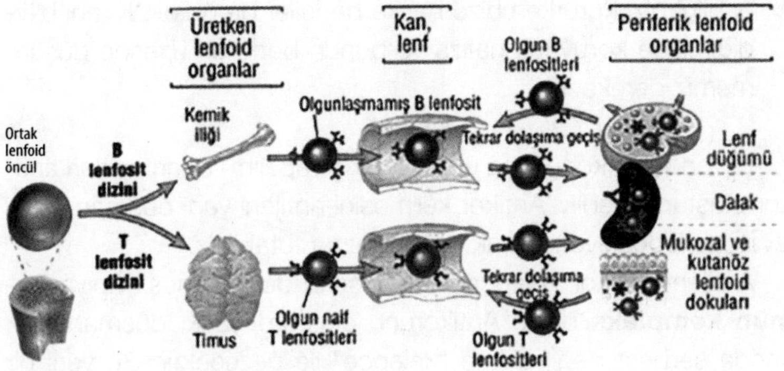

* B harfi "bellek" kelimesinden aklımızda kalsın. Yani hafızadan. B lenfositleri düşmana karşı hafıza oluşturur.
* B lenfositleri de kemik iliğinde yapılır. T'ler daha çok hücre içi meselelerle uğraşırken, B'ler hücre dışı olan her şeyden sorumludurlar. Kan, vücut sıvıları, mukozalar, dokular; devriye polisi gibi mobil halde dolanır dururlar. Eğer bir düşman hücrenin içine gizlenmiş ise B'ler onu tanıyamaz. Bu yüzden T'lere hücresel edinsel immünite derken B'lere humoral (sıvısal) edinsel immünite deriz.
* B'lerin antikor yapmak için çoğunlukla Th2'lere ihtiyacı vardır. Th2'ler düşmanı tarif eden özel bir yapıyı yüzeylerinde tutarlar ve bu barkodu B'lere gösterirler. Bu özel yapı, içerideki antijenin tipini anlatır. Bu yapıya *epitop* denir. B'ler "epitop"a karşı bir antikor geliştirirler. Tam da epitopun yapısına lego gibi girecek, onu kaplayacak bir antikor üretirler. Bu şekilde düşmanı

zararsız hale getirirler. Bu antikorlar sayesinde, o epitopu taşıyan düşman vücuda girdiğinde ilk seferdeki gibi yukarıda anlattığım uzun yol yürünmez, gürültülü inflamasyon, abartılı sitokinler olmaz. Düşman, antikorla nötralize edilir ve bu bilgi B'lerin hafızasında kalır. Hastalıkları geçirdiğimizde oluşturduğumuz antikorlar ve aşıyla oluştuğumuz antikorlar bunlardır. B'lerle yapılan hafızalama işi çok uzun yıllar koruyucudur. Hafıza T'ler de uzun yıllar kalır ama onların koruyuculuğu B'lerden daha tehlikeli olabilir. Aslında hem B hem T'lerin hafızaya aldığı bilgi bizi korurken bize başka bedeller de ödetir. Kitabı bitirdiğimizde koruyucu hafıza ve bunun bedelleri üzerine düşünmemiz gerekecek.

Bu bedeller konusuna ufak bir giriş yapalım. B lenfositleri antikor oluşturur dedik. Antikor kelimesini antijeni yani düşmanı bağlayan, kelepçeleyen olarak da aklımızda tutabiliriz.

Antijen+antikor kelepçelenmesi şeklinde oluşmuş yapıya **immün kompleks** denir. Antikorunu oluşturduysak, düşman artık kanda serbest değil daima "kelepçe" ile gezecektir. Bu yeni bir madde olduğu için immün kompleks diye yeni bir isim alır. İmmün kompleks yapmanın amacı hem düşmanı etkisizleştirmek için antikorla kelepçelemek hem de bu kelepçeli hali ile azar azar yok edilmeleri için onu öldürücü hücrelere sunmaktır. Gördüğünüz gibi savaşın bu aşamasında da olaylar gayet adrenalinli. Sistem düşmanı yok etmekle kalmıyor bir de onu "hedef tahtası" haline getirecek bir unsur yaratıyor.

Her şey mükemmel bir zekâ ile işliyor. Ama birtakım önemli eşikler de var. İmmün komplekslerin zamanla yok edilmesi gerektiğini bilmek çok önemlidir. İmmün komplekslerin sonsuza kadar kanda dolaşmaları veya dokularda birikmeleri istenmez. Bu bilgiyi kavramak, çoğu hastalığı da anlamamızı sağlar. Kanda veya dokularda çok fazla immün kompleks varsa bunları öldürme çabası başka hastalıklara da sebep olabilir. Çünkü adı üstünde "öldürme"den bahsediyoruz. Sonuçta düşman diye bellediğimiz unsur bizim kendi hücrelerimizle beraber dolanıyor, bazı dokularımıza birikiyor ve dokularımız arasında taştan duvarlar yok. İmmün komplekslerin olması gerekenden daha uzun, daha yoğun bir şekilde vücutta bulunması onları yok ederken dokuya da zarar verir. Bazı kronik hastalıklarda immün komplekslerin fazla olması etkilidir. Özellikle gıda duyarlılıklarında immün kompleks sayısı çoktur. Masum yiyeceklerin antijen olarak algılanmasıyla onlara karşı da antikor cevabı oluşur. Biz o yiyeceği sık tükettikçe vücutta da çok sayıda immün kompleks oluşur. İmmün kompleksler bağırsak mukozasına çöker. Bağırsak hastalıklarında bu çok önemlidir. Bu konunun detaylarına ilerleyen sayfalarda yeniden gireceğiz.

Temel görevi antikor yapmak olan B'lerin alt grupları vardır. Bunlara genel olarak immünoglobulinler deriz. A, M, G, E, D harfleriyle anlatılır, IgM, IgG, IgA, IgE diye gösterilirler. Bunları kan testlerinizden de hatırlarsınız. Bir şeye karşı antikorumuz var mı, bağışıklığımız var mı diye baktırdığımız testler bunlardır.

Önce IgM tip antikorlar oluşur. Ancak bunlar kısa ömürlü ve yapıca da büyüklerdir. Hem kanda uzun kalamazlar hem de büyük oldukları için vücudun en uç kısımlarına kadar dolanamazlar. Antijene yapışma güçleri de (afiniteleri) düşüktür. O yüzden hem daha yapışkan hem daha uzun kalıcı hem daha küçük olan IgG'ler yapılır. IgG'ler küçük olduğu için anneden plasentaya bebeğe geçebilirler. Annenin tüm bağışıklık hafızasını bebek böylece alır. Kendininkini oluşturana dek bunu kullanır. Testlerde IgM yüksekse, hâlâ hastalığı geçirdiğiniz, IgG yüksekse hastalığı atlattığınız ve artık antikorlarınızın olduğu söylenir.

Bir düşman ile savaşta antikor oluşturmak en son aşamada olur. Çünkü antikor oluşturabilmek için doğal bağışıklığın T'lere, T'lerin B'lere haber vermesi gerekir. Bu yüzden bağışıklık ve antikor oluşturmak zaman alır. Ancak bir kez antikor ile bağışıklık oluşturulduktan sonra da bu hafızada kalır. Düşman ikinci kez geldiğinde yol bu kadar uzun sürmez, kestirmeden antikor cevabı verilir. Düşmanın ikinci girişinde, antikor sayısı az da olsa bu sayı hızlıca yükselir, düşman kelepçelenir. Kelepçelenmiş düşman immün kompleksler demektir. Oluşan immün kompleksler zaman içinde yavaş yavaş yok edilecektir. (Aşı ile oluşan antikorumuzun zamanla azalması da bu yüzdendir.)

İşte bu B'ler sayesindedir ki her dakika hastalanmıyoruz. Vücudumuza giren virüs, bakteri, mantar, parazit, toksin veya bazı yiyeceklere karşı her dakika, doğal bağışıklık ve T lenfositleriyle olan gürültülü sitokin savaşlarını yapmıyoruz. Sadece daha önce tanımadığımız yeni bir düşmanla karşılaştığımız zaman, mesela Covid gibi ya da düşman olmayanları düşman sandığımız zaman yeniden savaşıyoruz. Düşman olmayanı düşman sanmamız ise zaten otoimmün ve alerjik hastalıklar ile gıda intoleransının konuları arasına giriyor.

B'ler de tiplerine göre farklı işler yapıyorlar:

IgE olan alerjik reaksiyonlarda yer alır. Parazitlere karşı savaştan sorumludur.

IgA mukozaları korur. Tüm mukozalarımızın üzeri IgA ile kaplıdır. IgA bir tür hazır antikor gibidir. Mukozalarda bulduğu zararlıları etkisizleştirir. Bu konuyu mukozal immünite bölümünde tekrar ele alacağız.

IgM düşmanla savaşın başlarında ortaya çıkar. Bir şeye karşı IgM'miz yüksekse o şeyle halen savaşıyoruz demektir. Bu giderek azalır ve yerini kalıcı bağışıklık manasına giren IgG'ye bırakır.

IgG, hafızadaki antikorları anlatır. Düşmanın yani antijenin epitop dediğimiz özel bölgesine bağlanarak onu kelepçeler. Bu durumda o antijen, mesela virüs, vücuda bağlanacak yer bulamaz. Bağlanma yerleri yani epitoplar IgG ile kaplanmıştır. Böylece savaşta düşman etkisizleştirilir. Antijen ve IgG antikoru birlikte immün kompleks oluşturur demiştik. Bunlar kanda dolaşabilir veya bir dokuya çökebilirler. İmmün kompleksler zaman içinde giderek yok edilecektir. Bu yüzden bağışıklık antikorlarının yani IgG'lerin zamanla azalması söz konusudur, ama düşman tekrar gelirse bunlar yeniden yükselir.

B lenfositlerle olan bağışıklık *aktif* ve *pasif* diye ikiye ayrılır.

Hastalığı geçirirsek ve düşmanla bire bir savaştıysak oluşan IgG'ler aktif bağışıklığı anlatır ve hafızada kalır.

Aşı olduysak da, yine zayıflatılmış da olsa düşmanla içerde savaştığımızdan buradan elde ettiğimiz bağışıklık da aktiftir ve hafızada kalır.

Pasif bağışık ise kanla hastalıktan iyileşmiş birinin antikorlarını almışsak olur. Bu durum bizi hastalıktan iyileşmeye götürür ama bağışıklık antikorları hafızada kalmaz. Çünkü onları biz yapmamışızdır.

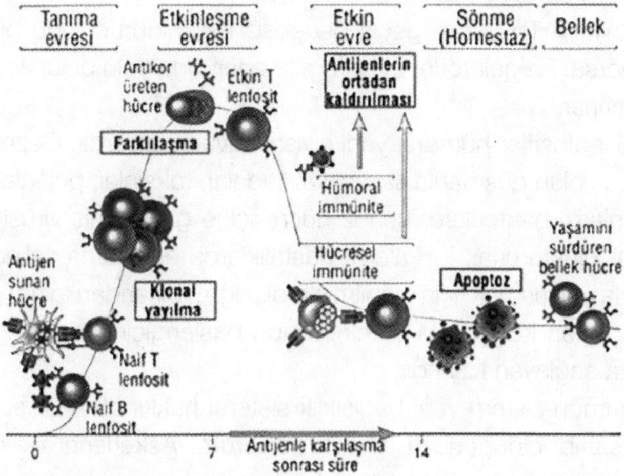

Anneden gelen ve plasentadan geçen antikorlar, anne sütünden gelen antikorlar yine pasif bağışıklıktır. Bebeğin immün sistemi güçlenene kadar onu korumak içindir.

Bu antikorların kendi vücut dokularımıza karşı oluşmaması en önemli konudur. Yoksa otoimmün hastalıklar olur. Zaten immün sistemin bütün işi zararlı ile zararsız olanı birbirinden ayırabilmektir. Yani ne "antijen"dir ne "self-antijen" (vücuda ait doku) ayırabilmelidir. Tanımada hata varsa veya tüm sistem koordineli olarak birbirine geri bildirim veremiyorsa, tıpkı gündelik hayatta düzgün iletişim yapamadığımızda olduğu gibi sorun çıkar.

Bu bölümü bitirirken T ve B lenfositlerini özetleyelim:

T lenfositleri hücresel savunmacılardır, hücre içi durumlarla savaşırlar. Düşmanlar; hücre içi virüsler, hücre içi mikroplar, hücre içi mantarlar veya içi kötüleşmiş, vücuda ait hücrelerdir; mesela kanser hücresi, inflamatuar hücreler, yaşlı hücreler, ölmüş hücreler, ölmekte olan hücreler ve makrofajların onlara sunduğu her şey.

Th1'ler direkt hücrenin kendisini öldüren sitotoksik öldürücü

T'leri ve makrofajları düşmanı yok etmeye sevk ederler. İnflamasyon yaparlar, sitokin salarlar.

Th2'ler antiinflamasyon yaparlar. Th1'leri sustururlar. Antikor oluşturması için B'lere haber verirler.

Th1 ve Th2 arası geçiş dengesiz ise, öldürücülüğü bize zarar veriyorsa T regülatörler olayı regüle eder, orta yolu bulurlar. Toleransı artırırlar.

B lenfositler hümoral yani sıvısal savunmacılardır. Gezen, hücre dışında olan düşmanla savaşırlar. Gıdalar, toksinler, polenler gibi dış etkenlere, bakterilere, henüz hücre içine girememiş virüslere antikorlar oluştururlar. IgE alerjik hastalıklarda artar ama aslında parazitlerle savaşmak için yapılmışlardır. IgA, dışarıdan giriş yeri olan mukozaları korur. IgM enfeksiyonun başlangıcında olur, IgG kalıcı hafıza sağlayan kısımdır.

İmmün sistem yani bağışıklık sistemi hakkında artık epeyce bir fikir sahibi olduğunuzu tahmin ediyorum. Askerlerin sıkı eğitimini, kimin hangi görevi yaptığını, kanlı savaşlar sonrası ortalığı kimin topladığını biraz biraz öğrendik.

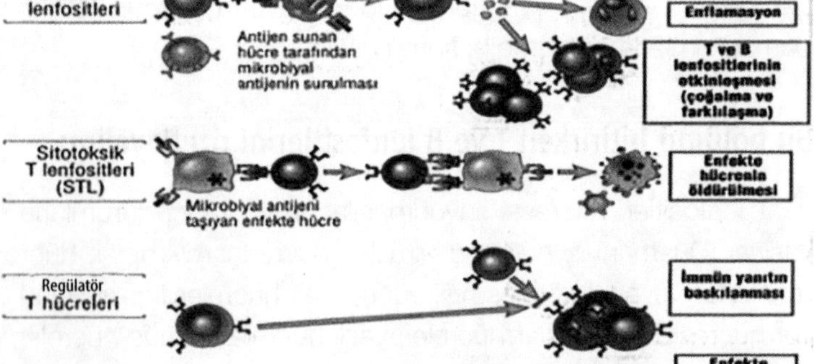

Şimdi gelin bir de immün sistemimizi içeri giren veya içeride oluşan düşman tiplerine göre tanıyalım. İmmün sistem virüsle, parazitle, bakteriyle, mikropla, bakteri artığıyla, toksinle, tümörlerle ve eski hücrelerle nasıl baş eder, öğrenelim.

Bu QR kodu okutarak bölüm hakkındaki videoya erişebilirsiniz.

Buraya not alabilirsiniz

İmmün sistemin savaşları

Virüs savaşları:

Viral immünite immün sistemin vücuda giren virüslerle savaşması, onu etkisizleştirmesi ve yok etmesi demektir.

Virüs kelimesi Latince "zehirli sıvı" demektir. Virüsler çok küçüktür. Virüsler bakterilerden bin kat daha küçüktür. Bizim bir hücremiz virüs için çok büyük bir yerdir. Virüsler bir tür hücre içi parazittir ve bizim hücremizi kendi hammaddelerini oluşturmak için bir fabrika gibi kullanırlar. Hücre dışında metabolik hayatları yoktur. Canlı hücrelere bağımlıdırlar. Virüslerin hücrenin üzerine tutunmak için araçları vardır. Bu tutaçlarıyla hücrenin üstündeki kendi tutacına yani reseptörüne anahtar-kilit gibi bağlanırlar. Her virüsün hücreye girebilmesi için kullandığı hücre yüzeyi reseptörü farklıdır. Reseptörün olmadığı hücreye tutunup giremezler. Ama girmeyi başardıklarında da bizim hücrelerimizi mini fabrikalara çevirip kendi kopyalarını oluşturmak için gereken maddeleri bizim hücremize ürettirirler. Çünkü bu maddeleri kendi başlarına üretemezler. Girdiği hücrede çoğalır ve etrafa yayılıp istila edecek yeni hücreler ararlar. İnsanlar dışında hayvan ve bitkilerde de virüsler vardır. Yani virüsler onlara da musallat olabilirler. Bir virüsün hücresini kullandığı canlıya ev sahibi yani "host" denir. Bir host'u yokken virüs canlı cansız arası bir yerde yani araftadır.

Virüslerin genetikleri ya DNA ya RNA'dır. Hayvanlar ve insanlardaki gibi ikisi aynı anda olmaz. Bu genetik materyalleri de minnacıktır. Bu genlerini koruyan, protein yağ yapılı kapsit denen bir de dış kısımları vardır. Gen sayıları ise farklılık gösterir: mesela HIV virüsünde 10 tane gen, suçiçeği virüsünde 100 tane gen varken en küçücük bir bakteri bile 5-10 bin arası gen taşır. İnsan hücresi 80-100 bin adet gen taşır. Az sayıda geni olması virüsün avantajınadır. Bu kadar az genetik materyali kolaylıkla insan hücresinin içine aktarırlar ve virüslerin mutasyon oranı çok fazladır.

Peki virüs dediğimiz şey vücuda nasıl girer?

Cevap: Akciğer, burun, solunum yolu gibi üst solunum yolu kısmından; genital üriner sistemden; ağızdan başlayarak bütün mide bağırsak sisteminden; gözden, ciltten, yani dışarı ile sınırlarımız olan iç ve dış derimiz olan her yerden girebilirler.

Virüsler *hücre içi* oldukları için önce hücre içi savunmaya odaklanmalıyız. Önceki kitaplarımda da anlattığım gibi "hücre"yi korumanın neden önemli olduğunu şimdi daha iyi anlıyorsunuz sanırım.

Çünkü hücre dışındaki virüslerden bizi koruyan bağışıklık antikorlarının oluşması;

1. Vakit alır
2. Sabit bir virüs yapısı ister (ne de olsa virüs sürekli değişiyor)
3. Antikorlar ile veya hastalığı atlattıktan sonra oluşur.

Aslında aşı ile kestirmeden yapılmak istenen de budur, antikor oluşturmak. Ancak, bir virüse karşı oluşmuş antikor miktarının çok olması o virüsün hücre içindeki miktarını göstermez. Yani antikor ancak ve ancak hücre dışı ajanlara karşı yapılır. Virüsün, bakterinin, mantarın veya parazitin kanda dolaştığı zamanlarda.

Şimdi burada konumuz virüsün hücrenin içinde olması ve oradaki ilk savunmanın önemi.

Bağışıklıkta T hücrelerimiz ve B hücrelerimiz vardı. T'ler hücre içi savunmadan sorumluydu.

Daha önce söylediğim gibi T'ler adını timüsten alır. Göğüs kemiğinin arkasında olan, çocuklukta çok aktifken giderek fonksiyonu azalan organımızdan. (Timüs'ten bahis açmışken küçük bir de bilgi paylaşayım. Belki siz de şahit olmuşsunuzdur. Anadolu'da yas tutanlar, ölen birinin ardından ağıt yakanlar ağlarken göğüslerine vururlar.

İçgüdüsel olarak gelişmiş bir tepkidir bu. Ama ne ilginç, biyolojik bir fonksiyonu da vardır. Timüs'ü vurarak, vibrasyonla dürtmek aktive olmasını, güçlenmesini sağlar. Malum, üzüntüyle, kederle bağışıklık düşer. Bu hepimize bildik gelen sahne içgüdüsel olarak gelişmiş olsa da bağışıklığı güçlendirmek adına bir fonksiyonu vardır.)

Şimdi yeniden savunma hattına dönelim: T helper'lar olan Th1 ve Th2'den, virüs için bize gerekli olan Th1'dir. Çünkü Th1 HÜCRE İÇİ SAVUNMADA görevlidir. Virüsler, mukozaları aşıp hücre içine girerlerse etkili savunma bunlarla yapılır.

Virüsler vücuda deriden, mukozadan, solunumla, kanla veya cinsel temasla geçebilirler. Giriş yerleri çoğunlukla mukozalardır. Üst solunum yolu mukozası, burun ve akciğerler virüslerin en çok girdiği yerlerdir. Bağırsak mukozasından da girebilirler.

Mukozalardaki özel savunma sistemine "mukozal bağışıklık" denir. Mukozalar öncelikle kendilerini fiziksel yapılarıyla korurlar. Üzerlerindeki "mukus" denen ıslak katmanlarıyla bir bariyer oluştururlar. Burun mukozasındaki nitrik oksit isimli bir madde de viral savunmamızda önemlidir.

Virüs mukozadan vücuda girdiğinde ilk savunma zaten sınır korumak için bekleyen doğal bağışıklık hücrelerinden gelir. NK yani doğal katiller işe koyulurlar. Bunlar en eski doğal öldürücülerdir. Kimseden izin almadan hareket ederler, hızla tepki verirler. NK'lar interferon salarlar. Virüsler için en güçlü antiviral ajandır bu.

Mukozalardaki makrofajlar da virüsleri yok etmeye çalışırlar. Sitokin salarlar, inflamasyon yaparlar. Bazı makrofajlar ve DC'ler virüsü içlerine alıp fagolizozomlarında kıtır kıtır dilimlerler. Virüse ait bir parçayı da MHC-II kimliği ile APC halinde en yakın lenf nodundaki T lenfositlerine iletirler.

Olaydan haberi olan T'ler, Th1 halinde olay yerine gelirler ve interferon salarak makrofajları daha da çok aktive ederler. Aktive olan makrofajlar daha çok sitokin salarlar, daha çok inflamasyon yapar, daha çok Th1'i yardıma çağırırlar.

Th1'ler, sitotoksik T'leri de içinde virüs olan hücreleri öldürmeleri için dürterler. Sitotoksik T'ler böylece virüsün çoğalıp etrafa yayılmasını engellemiş olur. Viral rezervuarı yani depoyu toptan yok ederler. Bu etkili ve güçlü bir savunmadır. Ancak bu savunmanın çok uzun süre boyunca devam etmemesi gerekir. Daha önce de söylediğim gibi bu operasyon hücreleri yok ederken organlara da zarar verebilir. Zaten virüs miktarı çoksa veya virüsle savaş uzamışsa bunlar yorulur, sayıları azalır. Hatırlayacağınız gibi buna, sitotoksik T hücrelerinin tükenmişlik sendromu deniyordu. Bu durum erken olursa virüs savaşını kaybedebiliriz. Viral yük fazlaysa bu olabilir.

Virüs öldürüldükten sonra Th2'ler devreye girip Th1'i susturur, dokuyu tamir ederler.

Th2'ler antiinflamasyon yapar. B hücrelerine haber verip virüse özel antikor yaptırırlar. B'ler, antikor oluşturarak bağışıklık sağladığı için alkışı alırlar ama aslında T'ler bir anlamda şovun gerçek yıldızıdır. Asıl alkışı T'ler hak eder. T'ler olmasa virüsle savaşamazdık.

Th1'ler ve Th2'ler iş yaptırmak için makrofajları kullanırlar. Th1'ler öldürücü makrofajları coştururken,Th2'ler ortalık temizleyici makrofajları artırırlar. Yani iki tip makrofaj vardır. Şimdi gelin biraz da onları yakından tanıyalım.

M1 ve M2 makrofajlar:

M1'ler: Th1'ler kendi gibi numarası "1" olan M1 makrofajlarını coştururlar.

* M1 makrofajlara klasik makrofajlar denir.
* M1'ler virüse karşı savaşta yok edici olarak yer alırlar.
* Kullandıkları silah nötrofillerin kullandığı gibi serbest radikallerdir.

Serbest radikalin hem bizim için hem düşman için zararlı olduğunu biliyoruz.

Ancak lokösitlerin kullandığı oksijenden yapılan serbest radikaller iken bunlar daha çok *nitrik oksitten yapılan nitrojen serbest radikallerini* silah olarak kullanırlar.

M1 makrofajlarının özel virüs silahı nitrik oksitten yapılır.

Nitrik oksit zaten vücutta pek çok yerde olan bir maddedir. Bulunduğu yere göre farklı görevleri vardır. Mesela damarlarda olan nitrik oksit damarın genişlemesini sağlar.

M1 makrofajlarındaki nitrik oksit ise nitrojeni serbest radikallere çevirir. Oksijenden oluşan serbest radikallere ROS denir. Bu, nötrofillerin silahıdır. Nitrojenle yapılanlara ise NOS denir. Bu da makrofajların silahıdır.

* M1'lerin içinde, nitrik oksit üretebilmek için *arjinin* isimli bir aminoasit vardır. Arginin ile başlayan nitrik oksit oluşumu en sonunda peroksinitrit denen NOS'ye dönüşür. Nitrojen serbest radikalleri virüsler için çok daha etkili silahlardır.
* M1'ler enerji için glikozu kullanarak, oksijensiz solunumla hücrede laktik asit birikmesine sebep olurlar. Bu laktik asitle öldürücülüklerini artırmaya çalışırlar.
* M1'ler virüs için bu savaşı verirken NOS'ları ve sitokinleri ile fazlaca inflamasyon yaparlar. İşte o artık kulağımızın yadırgamadığı "sitokin fırtınası" böyle olur. Bu savaş uzarsa virüs kadar dokuya da zarar verirler.
* M1'lerin inflamasyon yapıp sitokin salmaları için içlerindeki bir enzimle hücre zarlarından sitokin oluşturmaları gerekir. Fosfalipaz A2 isimli enzimle hücrelerin duvarlarındaki lipitlerden araşidonik asidi parçalar, ortaya sitokin salarlar. Sitokinler, interlökinler, prostaglandinler, lökotirenler gibi tuhaf isimleri olan maddelerdir. Bunlar inflamatuar da olabilir, antiinflamatuar da olabilir. M1'ler inflamatuar olanları artırır.

Hücre zarından PLA2 enzimi ile üretilen sitokinlerin inflamatuar mı antiinflamatuar mı olduğunu, o zarın yapısındaki Omega 3/Omega 6 yağlarının oranı belirler. Hücre zarlarındaki Omega 3 yüksek ise antiinflamatuar sitokinler ortaya çıkarken Omega 3 düşükse, Omega 6 çok fazlaysa inflamatuar sitokinler ortaya çıkar.

Virüs savaşındaki PLA2 varlığı, kan ve lenf damarlarının iç yüzünü oluşturan dokuyu yani tüm endotelleri haraplar. Akciğer ve damarlarındaki endoteldeki bu haraplanma damarlarda pıhtılaşma artışı yapabilir.

Özetle M1 klasik makrofaj yoludur. NOS kullanır. Argini boldur. Nitrik oksit üretir, sitokin salar, sitokin fırtınası yapar, inflamasyonu artırır.

Kan testlerinden inflamasyonu gösteren CRP artar. Konu uzarsa doku hasarı başlar.

M2'ler:

* M2 makrofajlarına alternatif makrofajlar denir. Bunlar da numarası benzer olan Th2'lerle beraber çalışırlar.
* M1'lerin tam tersidirler. M2 makrofajları inflamasyonu azaltır. M1'leri susturur, doku tamiri yapar.
* M2'ler nitrik oksit üretemez aksine azaltır.
* Oksijensiz enerji üretmek yerine oksijenli enerji üretirler. Glikoz dışında yağ da kullanabilirler. Böylece doku tamiri için yüksek enerjileri olur.

Özetle, M1 ve Th1'ler inflamatuar, M2 ve Th2'ler antiinflamatuardır.

M1 ve M2 makrofajları arasındaki denge de çok önemlidir. Bu dengeyi belirleyen faktörlerden en önemlisi *hücredeki redoks durumudur.* Yani hücrede oksidasyon mu çok redüksiyon mu? Oksidasyon, serbest radikallerin çok olması; redüksiyon antioksidanların çok olması demektir. Bu ikisi arasındaki denge virüs savaşında çok mühimdir.

Eğer M1 makrofajlarda bolca nitrik oksit üretiliyor ve bu nitrik oksitten NOS yapılıp virüse saldırılıyorsa, hücreyi de korumak için antioksidanlara ihtiyaç vardır. Özel bir antioksidan grubu olan *tioller* bu işi yapar.

Tioller sülfürlü bileşiklerdir. NOS'ye bağlı hücre hasarını azaltırlar. Başta *glutatyon* olmak üzere *selenyum* ve *sistein,* tiol havuzu denen bir grubun elemanlarıdır. Glutatyon hücrenin bu savaşta okside olmasını engelleyen temel tioldür. Ancak glutatyon deposu bitince hücrenin redoks potansiyeli düşer. M1 savaşı M2 savaşına kayar. Eğer bu durum virüs öldürülmeden vaktinden erken olursa virüsün çoğalmasına izin vermiş oluruz.

Akciğerde glutatyon çoktur. Solunum ile gelen virüs savaşında NOS'nin artıklarını temizleyici olarak kullanılırlar. Ancak virüs çok ise veya hızlı çoğalıyorsa, NOS üretimi tiol havuzunu azaltır. Tiollere temelde sülfürler demek doğrudur. Buradan çıkaracağımız pratik bilgi de şudur: Sülfürlü besinler virüs savunmasında önemlidir.

Aslında insanlar ve virüsler arasında nitrik oksit üzerinden bir gaz savaşı gerçekleşiyor demek hiç yanlış olmaz. Bir anlamda muharebede gaz bombalarının atıldığı bir savaş bu. Nitrik oksitle yapılan savunmada, virüs Th1-M1 makrofajla öldürülür, sitotoksik T'ler de içinde virüs bulunan hücreleri öldürür.

Sonra Th2'ler B'lere antikor yapmaları için haber verir. Antikor oluşunca virüsü yenebiliriz.

Ama bağışıklık antikorlarının yapılmasının zaman aldığını biliyoruz.

Antikorlar oluşana dek;

* Th1 ve M1'ler, Th2 ve M2'ler dengeli olmalıdır.
* Sitotoksik T'ler çok öldürücü olup dokulara da zarar vermemelidir. Virüs çoksa sitotoksik T'ler tükenmişlik sendromuna yakalanmamalıdır.
* Th1-M1'ler çok sitokin salıp çok inflamasyon yapmamalıdır.
* Th2-M2'ler zamanında devreye girip olay yerini iyileştirmelidir.
* T regülatörler bu dengelemede orta yolu bulmaya çalışmalıdır. Çok gürültü varsa ortalığı sakinleştirmelidir.

Gördüğünüz gibi gerçekten de çok sofistike bir virüs savunmamız var. Ancak her şey sırayla koordineli olmak zorunda.

Nitrik oksit azalır, sülfür azalır, tiyoller azalır, glutatyon azalır ise Th1, Th2 tarafına döner. O zaman da *hücre içi* olan virüsle, tümörle, fırsatçı parazitlerle, mantarlarla savaşamayız.

Tiol havuzu:

Tioller dediğimiz bu sülfürlü bileşikleri hemen tanıyacaksınız. Biz zaten onları antioksidanlar da olarak biliyoruz.

Bazıları şunlardır:

* Selenyum
* Glutatyon
* Sistein
* Asetil sistein
* SAME
* TMG
* MSM

Hatta bunların bitkisel versiyonlarını da çok duymuşsunuzdur:

* Sarımsak
* Brokoli
* Karnabahar
* Beyaz lahana vs.

Ayrıca sülfür havuzları vardır. Sağlık için bu havuzlara girilir. Pis kokarlar, "rotten egg" yani çürük yumurta kokarlar. Yemyeşildirler. Bıttım sabunu vardır mesela, sülfürlü sabun da denir.

İşte tüm bu sülfürlü bileşikler tiol havuzunu oluştururlar. Tiol havuzu, virüs savaşındaki savaş artığını temizlemekteki temizlikçilerdir.

Buraya kadar okuduklarınızdan "Tiol Havuzu"muzun dolu olması gerektiğini anlamışsınızdır tahmin ediyorum. Bizim için, sağlığımız için kıymetlidir bu havuz.

Peki şimdi soralım: Tiol havuzumuzu ne azaltır veya tüketir?

İşlenmiş etler tiol havuzunu tüketir. İşlenmiş et, içine nitritler konularak bakteri üremesi durdurulmuş etlerdir. Salam, sucuk, vs. hepsi. Tütsülenmiş olanlar, kurutulmuş olanlar da bu gruba dahildir. Çok tüketilirlerse NİTROSATİF strese sebep olurlar. Nitrosamin ifadesini hatırlarsanız kanserojen diye de bilinir. Yanmış, işlenmiş etlerde vardır.

İşlenmiş etlerdeki istenmeyen NİTRİTin, bitkilerde olan iyi versiyonu ise Nitrattır. Bitkiler zaten nitrojeni kullanırlar. Havadaki N simgeli azot gazından bunu alır, kullanırlar, Bitki çürüyünce topraktaki bakteriler tekrardan bunu havaya verecek şekilde işlerler. Buna azot döngüsü denir. Hayatın özü işte bu döngüde yatar. Oksijenden çok azot vardır atmosferde. Ama sentetik gübrelerle yetişmiş besinler sorun olabilir. İşte bu tip gıdaları yedikçe vücudumuz bizi korumak için bu nitritleri, nitrosaminleri temizlemek için sülfür havuzumuzdan yani tiol havuzundan harcar.

Başka nerelerden bu istemeyen NOS'ları yani bu nitrojenli bileşikleri alırız? Hava kirliliği, kirli şehir suyu, sigara ve kimyasal atıklar sayılabilir...

Buraya kadar sabırla okudunuz. Belki bir anda kendinizi lise yıllarına, kimya, biyoloji derslerine dönmüş gibi hissettiniz. Sabrınız için teşekkür ederim. Kitabın en zor kısımlarını geçtiniz. Artık bir anlamda düze çıkıyoruz diyebilirim. Şimdi biraz pratik bilgiyi hak ettiniz.

Acaba bu tiol havuzunu biz kendimiz nasıl artırabiliriz? İşte cevaplar:

1. Sülfürlü bitkiler: Sarımsaktan başlayarak, brokoli vs.
2. NO'yu yani nitrik oksiti doğal artıracak bitkiler: Pancardan başlayarak, tüm mor ve koyu yeşil yapraklı bitkiler.
3. Tiol havuzunu artıran diğer destekler: Sistein içerenler (NAC, SAME, glutatyon, selenyum, TMG, MSM)
4. Antioksidan savunmanın diğer elemanları:

* C vitamini
* D vitamini.
* Berry'ler: Mor olanların hepsi. Mürver başta olmak üzere, pancar, kızılcık, mor lahana, turp, yaban mersini...
* SOD, katalaz... Antioksidan enzimler
* Prebiyotikler-probiyotikler: Bağırsaklarımızın bir fermantasyon tankı olduğunu unutmayalım. Tıpkı bitkilerin azot döngüsü gibi bizde de bir döngü var. Topraktaki bakterilerin bitkiden gelen nitrojenli bileşikleri işlemesi gibi bizim bakteriler de dışarıdan gelen nitrojenli bileşikleri zararsız hale getirir. Bahsettiğim işlenmiş et vs. ile gelen nitritleri nitrata çevirir. Aklınızda tutun, kötü olan nitrit. Nitrat ise zararsız olandır.

Basitçe virüs savaşını öğrenmiş olduk. Hadi gelin diğer düşmanları, bağışıklık sisteminin başka hangi cephelerde savaşlar verdiğini okuyalım.

Bakteri savaşları

Şimdi biraz da diğer "düşmanlarımızı" tanıyalım. Bakteriler toksin saldıkları için öldürücüdürler. Ama ölmüş bakterilere ait parçalar da bizim immün sistemimizi antijen olarak dürterler. Bakterilerle savaşta doğal ve edinilmiş bağışıklık, her ikisi de devrededir.

Bakteri savaşında en erken nötrofillerle cevap veririz. Nötrofiller kanda zaten çok boldur. Sürekli vücutta gezer dururlar. Bir yerde mikrobun olduğunu tespit edince de ona saldırırlar. Nötrofiller yiyici hücrelerdir. Mikropların üzerine oksijen serbest radikalleri ROS salarlar. H2O2 şeklinde yazılan oksijenli su, HCOL şeklinde yazılan çamaşır suyu benzeri radikallerle bakteriyi öldürürler. Nötrofillerin içinde makrofajlarda olmayan *myeloperoksidaz* enzimi vardır. HCOL'yi bununla yaparlar. Bu enzimin varlığı yüzünden enfeksiyon olan yer yeşildir. Tıpkı balgamda olduğu gibi. Bunlara WBC yani beyaz küreler dendiği için apseler de beyaz renkli olur.

Ancak kısa ömürlüdürler.

Sonra makrofajlar mikroba saldırır. Bağışıklığın edinsel kısmına haber verirler. En sonunda da mikroba karşı antikor yapılır. Mikropların çoğu hücre dışındadır. Ancak makrofajlar onları yiyince, hücrenin içine giren virüslerle savaşıldığı gibi savaşılır.

Bakteriler kanda, dokuda, vücut boşluklarında, mukozalarda, deride olabilirler. Bakteri ya kendisi girdiği yerde hasar yapar, inflamasyon başlatır ya da toksiniyle bunu yapar. Bakterilerden gelen toksinlere **endotoksin** denir. Gram negatif denen bakteri grubunun **LPS** denen toksini, vücuttaki bağışıklık sistemini en çok dürten toksinlerden biridir. Bunlar bakterilerin duvarlarının yağlı parçalarıdır. LPS'ler, doğal bağışıklık cevaplarından olan kompleman sistemini çok dürterler, kompleman sistemini dürtmek tehlikelidir, şiddetli bir inflamasyon yaratırlar.

Gram negatiflerde LPS, gram pozitiflerde peptidoglikan yapılı dış zarlar immün sistemi dürter. Ayrıca bazı bakterilere ait yapılardan olan mannoz isimli kısım, yine doğal bağışıklığın bir kolu olan ve karaciğerde yapılan mannoz bağlayıcı lektinleri (MBL) dürter.

Bakterilerle savaşta bazen T lenfositleri kullanmayız çünkü T ve B'ler arasındaki temel ayrımlardan biri, T'lerin sadece proteinli yapıları antijenik algılaması ama B'lerin hem protein hem şekerli yapıları antijenik olarak algılayabilmesidir. Yani bir bakterinin şekerli bir dış yapısı varsa sadece B'ler onu tanır. T'lerden habersiz ona karşı antikor oluşturabilir. Bakterinin proteinli yapıları makrofajca yenilip T'lere sunulursa T'ler de devreye girer.

B'ler IgA, IgM, IgG antikorları üreterek bakterilerin etkilerini yok ederler. Bunlara nötrolizasyon antikorları denir. Bakterilerin gireceği sınırlar olan mukozalarda çokça bulunurlar. Mukozalarda en çok bulunan nötralizan antikor IgA'dır. IgA *mukoza gardiyanıdır.* Evet, bedenimizin içinde, organlar, dokular arasında taştan duvarlar yok ama bizim farkında bile olmadığımız pek çok sınır bölgesi, sınır karakolu var...

Bakteriler hücre içine girerse sepsis veya ağır inflamasyon olabilir. Olay hücre içi olduğunda sitotoksik T'ler ve Th1'ler devreye girer. Aktive olan M1 makrofajlarıyla da ortalık serbest radikal gölüne döner. Bu da dokuya zarar verir. Bildiğiniz gibi savaş kısa sürmelidir. Bunun için antikorlar yapılır.

Bakteri savaşı bittiğinde ona karşı oluşturulmuş IgG bağışıklık antikorlarıyla kelepçeli olarak kanda dolaşır. Bakteri + antikor = immün kompleks olarak adlandırılır. Ortalıkta ne kadar çok immün kompleks varsa o şiddette bakteriyel enfeksiyon geçirilmiş demektir. Zamanla bu immün kompleksler yok edilerek azaltılır.

Ancak sık enfeksiyon geçirmek, çok miktarda zararlı bakteriyle temas etmek sonucu oluşmuş çok sayıda immün kompleks lokal hasar ve otoimmünite yapabilir.

- İmmün kompleksler zamanla yok edilirken onların bulunduğu organa da zarar verilebilir. Sonuç: Lokal hasar olur.
- IgG antikoru bir bakteriye özel yapılmışken vücudun herhangi

bir dokusunu da o bakteriye benzetip saldırabilir. Sonuç: Otoimmünite olur.

Bu olaya en çok sebep olan gram negatif bakterilerin duvarlarındaki LPS endotoksinidir. Bu konuya mukozal immünite ve otoimmünite bölümlerinde yeniden döneceğim. Ama şimdilik ne kadar çok LPS olursa o kadar çok otoimmün hastalık riskimiz olduğunu bilelim.

Bakteri deyince, bağırsak bakterileri normalde bize zarar vermez. Ama bağırsak boşluğundan içeriye sızabilecekleri aralıklar varsa, bağırsak duvarları sağlam değilse bunlarla da içeride bir savaş başlayabilir. Bu konu mukozal immünite ve gıda duyarlılıkları başlıklarının altında karşımıza yeniden çıkacak.

Parazit savaşları

Parazitler makrofajların yiyebileceğinden büyük canlılardır. Parazit bir makrofajın yanında öyle büyük kalır ki kendisini yemeye gelen makrofaja kahkahayla gülebilir. Hücre içine de sığmazlar o yüzden bunlara ayrı bir savunma sistemi hazırlanmıştır. Doğal immüniteden eozonifiller, bazofiller ve mast hücreleri ile bu savunma yapılır.

Edinilmiş bağışıklık yine burada da devrededir. T lenfositlerinin Th1 değil Th2 kolu devrededir. Hatırladığınız üzere Th2'ler immünoglobulin ve antikor işinde aracıdır. Ancak bu kez virüs ve bakterilere yaptırdıkları IgM ve IgG değil, IgE antikorunu yaptırırlar. IgE parazitlere spesifiktir. Onların varlığında çıkar, ancak alerjik reaksiyonlar da IgE'yi artırır. Bu da Th2'lerin yanlış çalışma şeklidir. (Tüm immünoglobulin yani B lenfosit cevapları Th2 ile ilgilidir, Th1 ile değil. IgE, IgM, IgG, IgA cevapları da Th2 lenfositleriyle ilgilidir.)

Parazit savaşlarında ve alerjilerde IgE cevabı olur. Parazitleri olanlarda ve alerjik kişilerde Th2 kısmı Th1 kısmından daha aktiftir.

Parazit ya da larvalar ile savaşta mast hücreleri kullanılır. Mast hücreleri histamin ve başka eritici enzimlerin deposudur. IgE mast hücresine bağlanınca, mast hücresi açılır, ortalığa dökülen histamin ve diğer enzimler larvaları hasarlar. Mast hücreleri parazitlerin en çok vücuda girebileceği, cilt, akciğer ve mide-bağırsakta bulunurlar. Parçalanmış parazitler makrofajlarca yenir.

Tümör savaşları

Bu kısmın çok ilginizi çekeceğini tahmin ediyorum. Malum tümör deyince –akla hemen kanser geldiği için– akan sular duruyor, nefesler tutuluyor. Okuyalım, öğrenelim...

Tümörle savaş T lenfositleriyle olur. Tümör hücrenin içinde olduğu için T lenfositlerinden Th1'ler ve sitotoksik T'ler bunları yok eder. Yine doğal immünitenin baş rolündeki doğal katil NK hücreleri de bunlarla savaşır. Ancak bu iki sistemden kaçıp çoğalabilenler tümör oluşturur.

Hücre içinde tümör oluşunca, hücre yüzeyinde tümör antijenleri oluşur. T'ler bunları tanır. Sitotoksik T'ler tümörlü hücreyi toptan öldürür. Th1'ler sitotoksik T'leri harekete geçirir. Tümör civarında ne kadar sitotoksik T varsa o tümörün gidişatı daha iyidir. Th1'ler aynı virüslerle olduğu gibi tümörlerle de savaşır, M1 makrofajlarını göreve çağırır. M1'ler NOS kullanarak tümörü yok eder. Tümörlü alanda Th1 çoksa iyi prognoz yani gidişat demektir.

Kanser hücreleri bağışıklıktan nasıl kaçarlar:

* Çoğalabilen tümörler Th1'den kaçar, Th2'leri ve T regülatörleri yandaş yaparlar.
* Th2'ler tümöre karşı saldırı yapmaz, hatta ona taze kan damarları yaparlar. Oranın yaralı bir doku olduğunu ve iyileşmesi gerektiğini sanırlar.
* T regülatörler de tümöre izin verir, tolerans gösterirler. İmmün sistemin tümöre, kendi iyi hücremizmiş gibi toleranslı olmasını sağlarlar.
* Tümör hücreleri arginini de yerler. Halbuki arginin, Th1 hücrele-

rinin M1 makrofajlarına nitrik oksitten nitrojen serbest radikalleri yapmak için gereklidir.

* Normalde kötüleşmiş, yaşlanmış, hasarlanmış hücreler intihar ederler. Buna apoptoz dendiğini öğrenmiştik. Ama tümör hücreleri buna direnir.
* Ayrıca tümör oluşması uzun bir zaman meselesidir. Onunla savaşta sitotoksik T'ler zamanla yorulurlar. Tükenmişlik sendromuna girerler. Hızla çoğalan tümörü öldürme işine yetişemezler.
* Hücredeki redoks kapasitesinin düşük olması sebebiyle (boşalmış tiol havuzu) Th1 yerine Th2 tarafına kayan immünite tümör yayılmasına da fırsat verir.
* Th2'ler yapıları gereği doku tamiri yapmak için etraftan yeni damarlar getirirler. Bu tümörün çok işine yarar. Taze damarla çok şeker çekerler, beslenir, büyürler. Etrafa da yayılabilirler. Buna tümör anjiyogenezi denir. Yani tümör için bol yeni damar. Resveratrol içeren mor bitkiler bu anjiyogenezi azaltırlar.
* Th2'ler inflamasyon yapmadıkları için gürültü çıkmaz.
* Th2'lerin kullandığı M2 makrofajlarında nitrit oksit yoktur. Aksine nitrit oksidin yapıldığı arginini etkisizleştiren arginaz enzimi vardır. Nitrit oksit yapılmaz, nitrik oksitten NOS radikalleri yapılmaz, hücre içi savaş olmaz.

Büyüyebilen tümörlerin çoğu böyle immün izinlidir. İmmün sistem açısından bakınca tümör hücrelerine cevap, sanki kök hücrelere verilen cevap gibidir. Kök hücrelerinde de öldürücü T'ler azdır, M2 makrofajları yüksektir, Th2 aktivitesi yüksektir. Birbirlerine benzerler. Zaten kanser moleküler düzeyde bir **immün sistem algı hatasıdır**. Tıpkı alerji ve otoimmünite gibi. Bağışıklık sisteminin neyi nasıl yaptığını bilmek tam da bu yüzden çok ama çok önemlidir...

Alerji savaşları

Alerji immün sistem hatalarından biridir. Bağışıklık sistemimiz inanılmaz sofistike olsa da, inanılmaz bir üst zekâ ile yönetilse de bir anlamda sap ile samanı karıştırma durumudur. İmmün sistemin iç ve dış, zararlı ve zararsız ayrımını yapamamasına örneklerden biridir. Alerjide dışarıdan gelen bir zararsız, "zararlı" olarak işaretlenir ve immün sistem buna cevap verir. Alerjide edinsel immünitenin T lenfositlerinden Th2'leri ve B lenfositlerinden IgE antikorları çalışır. Doğal immüniteden ise eozonifiller ve mast hücreleri alerjide yer alır.

Daha önceki konularda immün sistemi dürten maddelere antijen demiştim. Alerjideki masum olduğu halde immün sistemi dürten bu antijenlere de *alerjen* denir. Alerjiye yatkın kişilere ise *atopik* kişi denir. Normal kişiler masum çevresel etkenlere cevap vermezken atopik kişiler bunlara tepki verir. Normal kişiler zararlı buldukları maddeye IgG antikor tepkisini verirken, atopik kişiler masum çevresel maddelere IgE antikorları ile cevap verir. Polen, ev tozu, hayvan kılı, yiyecekler, ilaçlar tüm bunlar alerji sebebi olabilir.

Mast hücreleri alerjide çok atkifleşir. Mast hücreleri; mide, bağırsak, akciğer, cilt gibi dışarı ile temasın olduğu yerlerde çoktur. Mast hücrelerinin aktifleşmesi histamin salınımı yapar. Histamin ciltte kızarma, burun akıntısı, bronşlarda kasılma, karın ağrısı, ishal, kaşıntı, hapşırık, kızarıklık gibi pek çok belirtiye sebep olur.

Alerjikler Th1den çok Th2 yaparlar. İmmün denge bunlarda Th2'ye kaymıştır.

Çocukken bol alerjenle karşılaşmak aslında atopi riskini azaltır. Fazla hijyenik olmak ise atopiye yatkınlık yaratabilir. Hijyen takıntılı, çocuğunu mümkün olsa fanusta büyütmek isteyecek annelere abartmayın diyelim.

Anne sütü emmemek de atopiye yatkınlık yaratabilir. Anne sütü emmek, sağlam bağırsak ve akciğer mukozası, bol masum antijenle çocukluktan beri karşılaşmış olmak Th2'leri bastırır. Alerji ortaya çıkmaz.

Alerji için yapılan deri testleri pozitif olanlarda Th2 güçlü demektir. Th1'i güçlü olanlarda veya ikisi dengede olanlarda alerjik deri testleri pozitif çıkmaz.

Alerjik madde dediğimiz şey toksinler de olabilir. Çeşitli kimyasallar, ilaçlar da toksin etkisi yapabilir.

Alerji tipleri

1-IgE aracılı alerji:

Alerjik reaksiyonlar da farklı alt gruplara ayrılır. En şiddetli olan tip 1 alerjidir. IgE ve mast hücrelerinin devrede olduğu akut tip alerjidir bu. Anaflaktik şokla bile sonuçlanabilir yani ölümcül olabilir. Bazen filmlerde fıstık yiyince komalık olanları görürsünüz, bazen arı sokmasıyla ölenleri duyarsınız... İşte kastettiğim bu türdeki alerjilerdir.

Tüm alerjiler bu şiddette değildir ve tüm alerjilerde IgE yükselmez. Eğer alerjik bir tepki var ama IgE yükselmiyorsa buna *non-IgE alerji* veya *hipersensivite* veya *intolerans* denir.

IgE'li alerji ani, hızlı, klasik alerji, tip 1 alerjidir. Tedavi antihistaminikler veya kortizol ile yapılır. Yukarıdaki örnekteki fıstık alerjisi gibi. Tip 1 alerji ona yatkın atopik kişilerde olur.

Normalde parazitlerle savaşta bu yol kullanılır. Parazitlere karşı olan IgE'ler yanlışlıkla alerjenlere de bağlanır ve sonuç alerjik reaksiyon olur.

2-Non-IgE alerji:

IgE'nin yükselmediği alerji tipidir. O yüzden bunlara alerji değil, hipersensivite (fazla hassaslık) reaksiyonları denir. Genelde yiyeceklere karşı intolerans bu gruba girer. İlerleyen bölümlerde bu grup reaksiyonun temel sebebi olan mukozal immünite yetersizliğini de daha detaylı anlatacağım. Normalde burun, ağız, göz, akciğer, bağırsak mukozalarından veya cildin üzerinden giren bir antijen olmadığı sürece alerjik reaksiyonlar vermeyiz. Ancak bazı maddeler kendileri alerjik reaksiyonu başlatacak güçte olmasa da başka sebeplerle alerjen haline gelebilirler. Bunu da haptenler ve adjuvanlar yapar. Şimdi bu isimleri değişik arkadaşların kimler olduğuna bakalım...

Alerjiyi köpürtenler: Hapten ve adjuvan

Normalde alerji yapacak ve alerjen olarak algılanacak maddenin belli bir büyüklüğü olmalıdır. Şu önemli bilgidir: çok küçük proteinler immün sistemi dürtmez. Ama alerjik etkisi olamayacak kadar küçük veya protein yapılı olmayan maddeler gidip vücudun içindeki proteinlere bağlanırsa, o proteine karşı alerjik bir reaksiyon yaratırlar. Çok küçük yapılara vücut alerjik reaksiyon göstermezken proteinlere bağlanıp büyürlerse alerjik reaksiyon yapabilirler. Toksinler bunu yapabilir. Metaller bunu yapabilir. Kimyasallar, pestisitler de bunu yapabilir. Kendi küçük olup bir proteine bağlanarak immün sistemi dürten bu maddelere *hapten* denir. Yiyeceklere yapışan kimyasallar, pestisitler, raf ömrü uzatıcılar, ağır metaller de o yiyeceği hapten aracılı olarak zararlı konuma sokarlar.

Başka bir olasılık *adjuvan* varlığıdır. "Adjuvan" normal reaksiyonu kat kat artıran demektir. Aşılarda adjuvan vardır. İmmün sistemi daha çok dürtebilmek içindir bu. Aşıların içine konulacak olan bakteri veya virüsün miktarı adjuvan eklenerek az sayıda tutulabilir. Az virüsle ve adjuvan sayesinde yüksek immün reaksiyon elde edilebilir. Adjuvanlar bazı kimyasallardır ancak bazı yiyecekler de adjuvan etkisi yarabilirler. Besinlerdeki *lektinler* bunu yapabilir. Veya bakterilerin endotoksinleri, özellikle LPS'ler adjuvan etkisi ile immün sistemdeki reaksiyonu çok artırabilirler.

Alerjen algılanan bir madde olursa ya IgE yüksekliği ile ya da IgE yükselmeden hipersensivite yani duyarlılık reaksiyonları olur. IgE yüksekliği olanlar, antihistaminiklerle ve kortizolle tedavi edilmeye çalışılır. İşin içinde IgE yüksekliği yoksa, klasik alerji değil duyarlılık reaksiyonları söz konusuysa teşhisi koymak ve tedavi etmek daha zordur. Duyarlılık yapan maddeler akut alerjideki gibi hemen reaksiyon vermezler. Bu, gecikmiş tipte bir reaksiyon olur. Bu yüzden duyarlılığı yapan madde ile şikâyetleri birbirine bağlamak zordur. Yiyeceklere olan duyarlılıklar çoğunlukla bu gruba girer. Hangi yiyeceklerin bunu yaptığını öğreneceğiz.

Gelelim herkesin ucundan başından yakalandığı veya yaşı ilerledikçe yakalanmak zorunda kalacağı otoimmün hastalıklar bölümüne.

Otoimmün savaşlar

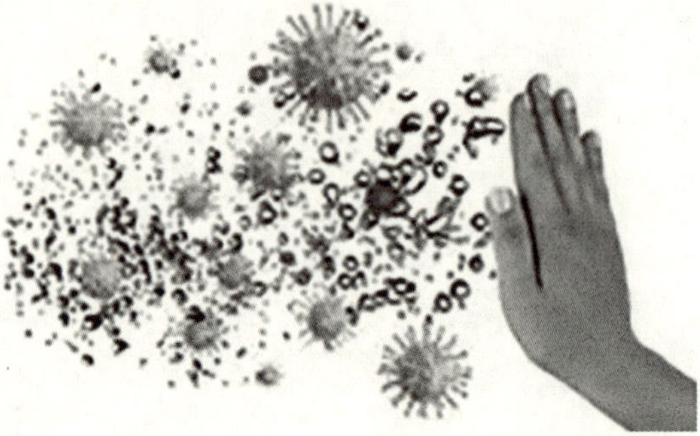

Bu bölümde ağzımızdan girenler ile otoimmünite arasındaki neden-sonuç ilişkisini detaylı olarak anlatacağım. Dikkatle okumanızı öneririm. Günümüzde sorun yaratan birçok rahatsızlığın altında yatan nedenin otoimmünite olduğunu söyleyebiliriz.

Çalışmalar otoimmünite, hipersensivite ve intoleransın yiyeceklerle alakasını göstermektedir. Ancak her ne kadar yiyeceklerin türleri üzerine konuşulsa da asıl konu tek bir soruya dayanır: Aynı yiyeceğe immün reaksiyon veren ile bu yiyeceğe tolerans gösteren arasındaki fark nedir? Cevap yahut problem, immün dengenin yanlış tarafa kaymasında yatar. Bu da otoimmüniteyle gelişen tonla hastalığa sebep olur. Hemen bir örnek vermek gerekirse mesela bağırsaktaki dost mikrobiomumuzdaki azalma, sızdıran bağırsak diye bir duruma sebep olur. Sızdıran bağırsak ise eşittir *sızdıran immün sistem* demektir. Bağırsaktan sızan patojenik istilacılar, sadece bağırsakta kalmaz, beyne kadar tırmanıp hastalıklara sebep olabilir. Gerçekten de atalarımızdan beri bizimle uyumlu olan mikrobiomumuzun değişmesi bağırsak hastalıklarının çoğunun temelinde yatan nedendir. SİBO gibi, İBS gibi.

Mikrobiomumuz iyi olsa bile başka sebeplerden bağırsaklarımız sızdırıcı hale gelebilir. İçeri sızan her şeye karşı immün defansımız ona karşı antikor yapacaktır. IgG tipi bu antikorlar, birer immün komplekstir. İmmün kompleks oluşturmak hemen yapılamayan öldürme işlemini daha sonraya ertelemek için düşmanı kelepçelemek ve işaretlemek demektir. İmmün kompleks oluştuysa onları yok edecek sistem er ya da geç devreye girecektir. İşte bağırsakla ve otoimmüniteyle ilgili sorunları asıl bu yaratır.

Otoimmün hastalıklardaki genetik yatkınlık oranı zannettiğimizden düşüktür. Çevresel faktörlerden işlenmiş gıdalar, toksinler, kimyasallar gibi etkenlerin otoimmünite yüzdesini artırmaya etkisi çok daha fazladır.

Yaklaşık 80 ayrı isimde otoimmün hastalık vardır. Bu hastalıkların teşhisinde, hastalığın olduğu organa karşı otoantikorlar bakılır. Ancak otoantikorların kanda tespit edilebilmesi yıllar alır. Bu dönem boyunca da o otoimmün hastalığınızın varlığı gösterilemeyebilir. Şikâyetleriniz hafife alınabilir.

Otoimmün hastalıklar deyince en azından bazılarını sadece isimleriyle sayalım.

* Romatoid artrit
* SLE
* MS
* Çölyak hastalığı
* Kron hastalığı
* Ülseratif kolit
* Vitiligo
* Sedef
* Haşimato
* Tip 1 diyabet
* Skleroderma gibi...

Otoimmünite bir immün sistem hatasıdır ama başlatan mekanizma yiyecekler ve bağırsak sağlığıyla çok ilgilidir. Yiyeceğe karşı immün reaksiyon, immün sistemin yiyecek parçalarıyla kendi dokuları arasındaki farkı anlayamamasıyla sonuçlanabilir. Bazı yiyecek proteinleri vücudun bazı dokularına benzerler. Buna ***molecular mimicry*** (taklit etme, benzeme) denir. Mesela *lektinler* denen bitkisel yapılar, eğer onları sindiremiyorsak bağırsak duvarlarımıza yapışabilir. Bağırsaktan içeri dolaşıma girerlerse de dokularımızda zaten mevcut olan lektin reseptörlerine bağlanabilirler. Mesela kas dokusunda, tiroitte, pankreasta lektin reseptörlerimiz vardır. Ya da Alzheimer'da problem, amiloid beta isimli proteinin beyinde birikmesi iken bazı besinlerdeki protein yapıları aynı amiloid betaya benzeyebilir. Böylece moleküler mimik etme, taklit etme durumuyla çapraz reaksiyon olabilir.

Bunu patojenler de yapabilir. Nasıl bazı hayvanlar düşmanlarından kaçmak için bulundukları ağacın yapraklarına, taşın dokusuna kendilerini benzeterek saklanırlarsa, patojenik istilacılar da immün sistemden kaçmak için bu kamuflajı yapabilir, kendilerini vücut dokularımıza benzetebilirler. Tıpkı bulunduğu ortamın rengini alan bukalemun gibi.

Hangi yiyecekler moleküler benzerlikle bizi hasta ediyor derseniz, aslında liste o kadar uzun değil, bu listeyi yazacağım. Diyelim ki bu listedekileri tüketmiyoruz ama sağlıksız beslenmenin sonucu olan obezite, diyabet veya metabolik sendrom zaten vücutta inflamasyon yapan hastalıklar olduğu için, inflamasyonun varlığı da otoimmün hastalıklara sebep olabilir. Yani işimiz o listedeki yiyeceklerden kaçınmakla da bitmiyor.

Son 50 yılda otoimmün hastalıklar çığ gibi artmış durumda. Dünya nüfusunun yüzde 10'unu etkiliyor. Amerika rakamlarına göre yılda 120 milyon dolar otoimmün hastalıklarla ilgili sağlık sorunlarına harcanıyor. Sözde modern hayatımız şu son 50 yılda o kadar sanayileşti ki, insan immün sistemi alışkın olmadığı, daha önce hiç tanımadığı tonla kimyasala maruz kaldı. Yani çevresel faktörler, diyet, enfeksiyonlar ve kronik stres, otoimmün hastalıkların da yüzde 70 oranında sorumlusu haline gelmiş durumda. Dünyayı öyle kirlettik ki, anne karnındaki bebeği besleyen kordon kanında bile 287 adet farklı kimyasal kirletici olduğu gösterildi.

Son bir yılımız pandemi gündemiyle geçti ama size bir şey söyleyeyim mi, bana sorarsanız asıl pandemi otoimmün hastalıklardır. Ve bu sessiz bir pandemidir. Turkuvaz tablosu yoktur, bulaş, sitokin fırtınası sözcüklerinin havada uçuştuğu açık oturumları yapılmaz. Öyle sessiz ilerler ki gerçekten tespit edilene dek psikolojik, psikosomatik rahatsızlıklar gibi bile gözükebilir.

Otoimmünite nedir?

Otoimmünite, immün sistemin dizayn edildiği üzere virüs, bakteri, parazit, toksin gibi istilacılara saldırmak yerine kendine karşı toleranslı olmayı unutup kendi dokularına saldırması manasına gelir. Veya immün sistemin bir savunma ordusu olduğunu düşünürsek, bizi içerdeki zararlılara karşı da korumalıdır; kanser hücresi, eskimiş hücreler gibi... Ama otoimmünite söz konusuysa bunlara karşı da eksik cevap veriyor olabilir.

Peki ne yapabiliriz? Bu konuda bizim yapabileceğimiz bir şey var mı? Elbette var. İmmün sistemin bu konudaki hatasını düzeltmek için yapabileceğimiz şey, immün sistem üzerindeki iş yükünü kaldırmak, azaltmaktır. Öncelikle işe yiyeceğe benzeyen ama sanayi ürünü olduğu için artık immün sistemin gıda olarak tanıyabileceğinden daha fazla değişmiş ürünleri tüketmeyi azaltarak başlayabiliriz. Bu yiyecekler kırk yılda bir yenmiyor ki, yıllar boyu kilolarca abur cubur, işlenmiş gıda tüketiyoruz. Bu da immün sisteme saldırı üzerine saldırı gerçekleşmesi anlamına geliyor. Hijyene dikkat ediyoruz, bakteri ve virüslerden kaçmaya çalışıyoruz ama immün sistemin iş yükünü azaltma ödevini o kadar da önemsemiyoruz. Vücudumuzu gezegenimiz gibi düşünürsek, nasıl ki biz gezegeni kirlettikçe o da bize saldırıyor, iklim değişikliği ve küresel ısınmayla adeta yanıt veriyor, vücudumuzda da durum aynı. Sadece yiyecekleri doğru seçmek de vücut gezegenimizi kurtarmaya yetmiyor. Onu alışkın olduğu gibi, doğaya yakın ve doğanın ritmiyle uyumlu yaşatmalıyız. Sirkadiyen sistem ve immünite bölümünde bu konunun detaylarını okuyacağız.

Otoimmün hastalıkların ortaya çıkıp fark edilmesine kadar geçen sürede şikâyetlerimizin "non spesifik", istisnai veya psikolojik algılanması sebebiyle, gerçekten tam anlamıyla hasta olana dek dikkate alınmayabiliriz. İşte o anın gelmesini istemiyorsak otoimmünitenin nasıl oluştuğunu ve neler yapabileceğimizi iyice öğrenmeliyiz.

Otoimmünite temelde immün sistemin kendi dokularının varlığına artık tolerans göstermemesi, onlara saldırmasıysa, önce toleransı kavramalıyız. İmmün sistemin kendine toleranslı olmayı öğrenmesi doğumla beraber başlayan bir süreçtir. Ne kadar iyi ayrım yaptığı otoimmün hastalıklara yakalanmamak için önemlidir. Başlangıçta hatasız iken başka etkenlerle bu ayrımı unutabilir. Ayrımda hata yapabilir. Bu toleransta hata olunca da immün sistem kendi yapılarını antijen sanır, bunlara ***self antijen*** denir. Otoimmün hastalıklar da böyle olur.

Basit akışta otoimmünite şu sıralamayı izler:

Sonuç: sızdıran immünite.

Çocukken daha iyi ayrım yapan immün sistem yaş ilerledikçe bu ayrımı yapmakta zorlanmaya başlar. Bunun da farklı sebepleri vardır.

Yıllar boyunca vücudumuz dışarıdan gelen tonla bakteri, virüs gibi patojenlere karşı bizi korumak için antikor oluşturur. Bu immün savaşlarında oluşan IgG antikorları, zaman içinde kendi sorumlu olduğu antijen yerine vücudun bazı yapılarını da bu antijene benzetebilir. Buna ***moleküler benzerlik - molecular mimicry*** dedik. IgG antikoru vücuttaki o protein yapısına lego gibi tutunabilir.

Bu süreçte sadece patojenlere karşı antikor biriktirmeyiz, yiyeceklere karşı da antikor geliştiririz ve antikor havuzumuz da giderek büyür. Sindirim sistemindeki hatalar bağırsak mukozalarımızı bozarsa, içeri sızan masum yiyeceklere karşı da tıpkı bir bakteriye verdiğimiz gibi immün cevabı vermeye başlarız. Bu yiyeceğe karşı oluşturulan antikorlar, o yiyeceği yedikçe kanda artar. Artan antikor havuzunda, moleküler benzerlik ile vücutta bir dokuya yapışma olasılığı da artmış olur.

Otoimmünitede başka bir olasılık da ***immün kompleksler***in fazlalığıdır.

Yıllar boyu antijenlere veya yiyecek antijenlerine karşı oluşmuş olan antikorların miktarı çok fazla olabilir. Antijen ve antikorun oluşturduğu bu ikiliye immün kompleks diyorduk. İmmün kompleksler çoğaldıkça bulundukları dokuya çökebilirler. Zamanla dokularda birikebilirler. İmmün komplekslerin varlığı zaten *kompleman sistemi* dediğimiz bir inflamasyon yolağını aktive edecektir. Tüm immün kompleksler ya kompleman yoluyla ya *makrofaj ve nötröfillerce* yok edilmelidir. Bu yok etme işleminin hedefi aslında immün kompleksler iken sayıları fazla ise bulundukları doku da hasar görür. Çoğu inflamatuar bağırsak hastalığında bu durum olur. Yiyecekler için oluşmuş antijen-antikor immün kompleksleri bağırsağa çökerse, inflamasyon başlar. İmmün kompleks demek öldürülmek üzere antikorla işaretlenmiş, yani antikorla kelepçelenmiş zararlılar demektir.

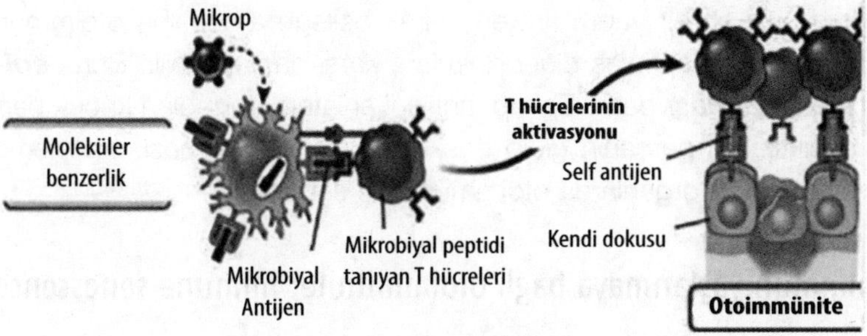

İmmün kompleksler bazen de dokuya çökmek yerine kanda dolaşırlar. Bunlara ***dolaşan immün kompleksler denir*** (CIC). Kompleman sistemi onları kanda yok etmeye çalışacaktır. Kanda dolaşıp her yere gidebildikleri için dolaşan immün kompleksleri yok etme çabası ile sistemik otoimmün hastalıklar ortaya çıkabilir. SLE böyle olur. Vaskülit, nefrit, artrit gibi çoğu sistemik otoimmün hastalık böyle olur.

Vücudun bir bölgesinde enfeksiyon veya nekroz olmuşsa yani ***doku ölmüşse ona karşı da otoimmünite*** oluşabilir. İmmün sistem hasarlı bölgeyi düzeltme çabasıyla oraya lenfositleri toplar. Lenfositler uzamış düzeltme çabasından yorulup artık dokuyu tanımayabilir. Oraya karşı antikor oluşturup otoimmüniteye sebep olabilir.

Çevresel toksinler de otoimmüniteye sebep olurlar. Doku hasarı yaparak dokuyu T lenfositlerin yabancı sanacağı, saldıracağı bir yer haline getirebilirler.

Tüm ***uzamış inflamatuar hastalıklar*** hatta ***uzamış viral enfeksiyonlar*** sonrası oluşan doku hasarları da otoimmüniteye sebep olabilir.

Virüs veya bakteriye karşı oluşan antikorlar, vücut proteinlerine bağlanarak, enfeksiyon geçtikten haftalar sonra otoimmünite başlatır. Vücut proteinlerini, moleküler benzerlik nedeniyle virüsün yapılarına benzetebilir. Aslında viral ve bakteriyel enfeksiyonlardan sonra olan otoimmün hastalıkların bakteri veya virüsle ilgisi yoktur. Onlar aslında çoktan öldürülüp yok edilmiştir. Mesele, onlara karşı verilen uzun ve şiddetli immün cevap sonrası mikrop ve virüs yapıları ile vücut proteinlerinin birbirine karıştırılması veya aşırı miktarda immün kompleks olması sonucu otoimmünite olmasıdır.

Otoimmün hastalıklar kronik ve ilerleyici olur. İmmün sistem bir kez bize ait bir yapıyı antijen olarak belleğe alınca, bu otoimmün saldırıyı yavaş yavaş diğer dokulara karşı da yapılabilir. Buna ***epitop yayılması*** denir. Epitop, antijeni anlatan kısım olan küçük parçacıktır. Bu parçanın gidip başka dokulara yapışması, zincirleme olarak farklı organlarda otoimmüniteye sebep olur.

İmmün yaşlanmaya bağlı otoimmünite: Immune senescence

İmmün sistem, ideal halinde, vücudun sağlıklı normal dokusu ile barışık olsa, o dokuya saldırmasa da yaşlılığın kendisi otoimmün hastalıkları artırır.

Her hücre, görevinin bir parçası olarak proteinler üretir. Üretilen proteinli yapıların normalde yüzde 30'u hatalıdır ve bunlar yok edilir. Yaşlılıkta hücreler iyi proteinler üretemezler. Bu kötü proteinleri yok etmek için de o hücrelere saldırı artar. Bu saldırıyı yine Th1 hücreleri yapar. Kronik saldırı o dokuda otoimmün hastalık oluşturur.

Yaşlılıkta tüm hücrelerin yaşlanmasıyla beraber immün sistem hücreleri de yaşlanır. Sayıları azalır. İyiyi, kötüyü ayırma yetenekleri azalır. Aralarında denge kurma yetenekleri düşer. Bu yüzden yaşlandıkça kanser ve diğer kronik hastalıklar daha fazla görülür. Buna *immün senesense* denir. "Senesense" yaşlanmış hücreleri kasteden bir terimdir. Senesense hücreler ne ölürler ne adam gibi iş görürler. Gençlikte iş görmeyen hücreler ya gönüllü intihar eder yani apoptoz yapar, yerlerine kök hücrelerden yenisi gelir ya da bu eskimiş hücreler otofaji ile vücuda yedek parça olsun diye yenir. Yaş ilerledikçe otofaji de apoptoz da azalır. Hücre o inatçı senesense moduna girer. Bu aslında bizi korumak içindir. Çünkü yıllar boyu hücreler hasarlandıkça yerine yenisi yapılmıştır. Ama yaşlılık, hücre yenilenmesinde hata yapılabilecek bir zamandır. Hücreyi yenileyeceğim derken onun yeni hücre yerine kanser hücresine de dönüşmesine sebep olabilirsin. Vücudumuz bizi korumak için yenilenmeyip, eskisiyle idare et moduna geçer, hücreler senesense girer, artık bölünüp yenilenmezler. Bu uzun yaşayalım diye planlansa da iyi çalışmayan bu hücreler birer zombi hücre olarak vücutta dururlar. Zombi hücrelerin çokluğu o organın fonksiyonunu azaltır. Tüm hücreler gibi immün sistem hücreleri de senesense girer yani zombileşir. İşlerini doğru yapamazlar. Bizden-bizden değil ayrımını yapamayıp bize saldırabilirler. Zaten hafızası da doludur. Yaşın ilerlemesiyle yıllar boyunca tonla antijenle karşılaşırız: bakteriler, virüsler, tümör hücreleri, eski hücreler, yiyecek proteinleri, toksinler gibi. Tüm bunlara karşı immün sistem cevap verdikçe immün hafızasında tonla antikor oluşur. Bu antikorlar immün kompleks olarak dolaşıp zamanla otoimmün hastalık yapabilir. Veya bu antikorlar vücut proteinlerine, moleküler eş benzerlikle saldırabilirler.

Zombileşmiş hücrelerden kurtulmanın da yolu vardır... Az sonra...

Toksinlere bağlı otoimmünite:

Bazı çevresel toksinler kendi başlarına immün sistemi dürtmeyecek kadar küçük iken vücuttaki proteinlere yapışıp büyük gibi görünürler. Böylece de immün sistemi dürterler. Bunlara daha önce de söylediğim gibi "hapten" denir. Yani kendi küçük iken proteine bağlanıp immün reaksiyon yapanlar. Bunları öldürme çabası dokuya zarar verir.

Kendisi az tehlikeli olduğu halde vücuda girince adjuvan etkisi ile immün cevabı köpürtecek maddeler de otoimmünite yapabilir. Bazı yiyecek antijenleri bunu yapabilir. Lektinler gibi. Bakteri artıkları da yapabilir. En tehlikeli bakteri artığı olan, bu yüzden endotoksin denen LPS'ler gibi. LPS'lerin sızdıran bağırsaktan sürekli vücuda girmesi sonucu bunlarla bitmeyen bir savaş başlar ve bu durum otoimmünite ile sonuçlanabilir. LPS olmaması için çok sağlam bir bağırsak mukoza sistemi lazımdır.

Otoimmünite kendine saldırı ise, self antijenlere karşı saldıran oto-reaktif T lenfositleri var demektir. T lenfositlerinden Th1'ler otoreaktif saldırıdan sorumludur. Th1'lerin self toleransı timüs okulunda öğrendiklerini biliyoruz. T lenfositler self toleransı yapabilmelidir.

Self tolerans: Kendine saldırma sakın!

Doğru immün cevap için önce self tanıma yani kendi antijenlerimizin tanınması ve self toleransın olması gerekir. Self toleransın tersi otoimmünitedir. Normalde immün sistem vücudun kendi yapılarına zarar vermez. Eğer hata sonucu olarak kendine saldırırsa o saldırıyı yapan hücre grubunun da apoptoz ile öldürülmesi gerekir.

T lenfositler self tolerans işinde de otoimmünitede yer alırlar. T'lerin kendine saldırmamayı öğrendikleri yerin adının timüs olduğunu ve timüsten sadece yüzde 2'sinin bu toleransı öğrenip çıktığını, yüzde 98'inin ise daha oracıkta öldürüldüğünü hatırlayalım. T lenfositleri timüste iyi eğitim almışlarsa self tolerans güçlüdür. T'ler, MHC-I ve MHC-II kimliklerini iyi okuyabilmelidir. Timüs bunu yapamayan T'leri öldürür, ama aradan kaçanlar self tolerans yapamayabilirler.

Self toleransı öğrenmiş T lenfositlerden bir kısmı da T regülatörler olarak ortaya çıkar ve immün saldırıları sınırlarlar. Böylece iyi eğitimli olduğu halde kafası karışan T'ler, T regülatörler tarafından susturulur, bize saldırmaz. Saldırırlarsa da apoptoz ile öldürülürler veya T regülatörler onları susturur. Böylece her dakika otoimmün hastalık geliştirmeyiz.

Self toleransı öğrenmiş T'lerin bize değil viral, bakteriyel ajanlara veya tümörlere, eskimiş hücrelere saldırmaları gerekir. Ama uzamış bir enfeksiyon, kronik hastalık olduğunda Th1'lerin de kafası karışabilir. Veya antijen sunan hücreler onlara masum bir doku parçasını antijen diye sunabilirler, sağlam dokulara da saldırabilirler. Böylece ***otoreaktif T'ler*** olurlar. Bu dokular düşman algılandığı için Th1'lerle aktive olan inflamatuar M1 makrofajları o dokuda inflamasyon yapabilir. Sitotoksik T'lerin aktivasyonu, dokudaki hücrelerin toptan kaybına sebep olabilir. Th1 aktivasyonu sonrası devreye Th2'ler girerse, o dokuya karşı antikor oluşabilir. Dokuya karşı antikor varsa orada immün kompleksler oluşmuş demektir. Ve hikâye hep benzer biçimde sonuçlanır: doku hasarı.

Bir antijen ya toleransa ya da immün cevaba sebep olur. Vücuda antijen olabilecek maddeler tekrar tekrar girebilir. Gıda gibi. Dışarıdan gelen zararsızlara tolerans göstermek önemlidir.

Yiyeceklere veya diğer dışarıdan gelen maddelere reaksiyon vermemeye **anerji** denir. Anerji, alerjinin tersidir. Bazı protein antijenleri inflamasyon yapmadan bizimle beraber yıllarca kalır çünkü onlara anerjik oluruz. Bunu yapmada *T regülatörler* çok etkilidir. T regülatörleri yani Tregler, immün baskılama ve self toleransla ilgilidir. T regülatörler yetersiz ise yediğimiz yiyeceklerden gelen yiyecek proteinleri immün sistemi sürekli dürterdi, hiçbir şey yiyemezdik. Mesela İBS yani hassas bağırsak sendromunda T regülatörler yetersizdir. T regülatör fonksiyon yetmezliğinde İBS, MS, Tip 1 diyabet, alerji, nakilde organ reddi olur.

Dışarıdan gelen çevresel stres çoğaldıkça T regülatörler toleransı sağlama kabiliyetlerini kaybederler. Th1 ve Th2 lenfositlerini dengede tutmayı başaramayıp immün cevabın Th1 tarafına kaymasına sebep olurlar.

Self toleransta APC'lerin de doğru çalışması önemlidir. İmmün cevap için antijen sunan dendritik hücreler, DC'ler kararında antijen sunmalıdır. Self toleransta dendritik hücrelerin antijen sunumu Th1'lere olmamalı, DC'ler T regülatörleri artırmalıdır. Ama dendritik hücreler aynı antijenle sürekli uyarılırlarsa bunu yapamayabilirler. Zararsız bir dokunun antijenlerini Th1'lere sunabilirler. Otoimmün hastalıkların çoğu Th1'lerin self-antijenlere saldırmasıyla oluşur. Romatoid artrit, MS, sedef, Tip 1 diyabet gibi.

T hücrelerinin bağırsak bakterilerinden bazılarına gösterdiği gereksiz reaksiyon da pek çok otoimmün hastalığın temelidir.

Bağırsak mukozasında sitotoksik T'ler yerleşik olarak sınırda beklerler. Bunların bir kısmı hafıza T'leri halindedir. Mukozanın etrafı steril olmadığı için orada her dakika bakteri, virüs, mantar vardır. Bunlar mukoza hücresinin içine girerlerse sitotoksik T'ler ve kuzenleri hafıza T'ler mukoza hücresini öldürüverir. Bu olay çok olursa otoimün inflamatuar bağırsak hastalıkları olur. Th17 diye bahsettiğim kızgın grup T'lerden olanlar da bağırsaktaki otoimmün hastalıklarda etkilidir. Otoimmünite olmasın diye bağırsakta Tregler aktiftir. Çünkü immün cevabı bastırırlar.

Otoimmünitede Th1, Th2 dengesi önemlidir. Fazla aktif Th1'ler genelde otoimmüniteden sorumludur. Ama Th2'ler de otoimmünite yapabilir.

Buraya not alabilirsiniz

Gıdalar neden immün reaksiyona sebep olur?

Seksenden fazla otoimmün hastalığın hepsi immün sistemin kendi kendine yanlışlıkla saldırmasıyla ilgilidir. Otoimmün hastalıkların yüzde 30'u genetiktir ama yüzde 70'i çevreseldir.

Çevresel toksinler, bakteriler, virüs enfeksiyonları, bağırsakla ilgili meseleler ve yiyecekler otoimmüniteye sebep olabilir. Son 50 yılda artan otoimmünitede, bitkilerin pestisit ile yetiştirilmesi, GDO'lu olmaları, işlenmiş olmaları etkilidir. Çünkü bu şekilde doğal yiyecek proteinlerinin yapısı değişti, daha önceden tanıdığımız yiyecek proteinlerinden daha fakl yiyecek proteinleri karşımıza çıktı. Eskiden antijenik olmayan veya bizim tolerans gösterdiğimiz bu yiyeceklere ait protein yapıları değiştiği için bunlara ***neoantijen*** yani yeni antijen diyebiliriz. Bir proteinin antijenik yapısını, o proteinin üstündeki "epitop" dediğimiz küçük yapıcıklar belirler. Yani antijenik reaksiyon epitopları tanıyarak olur. İşte bir yiyeceği anlatan o epitop değiştiğinde o protein neoantijen olur ve vücut ona karşı reaksiyon gösterir. Bu durum virüslerin mutasyon yapması ile aynı şeydir, yiyeceği anlatan epitopu değişmiş olur.

Yiyecekleri işleme, içine maddeler katma, yüksek ısıda pişirme, kızartma yiyeceğin doğal, alıştığımız türdeki protein yapısını değiştirir. Bu, hayvansal gıdalarda da bitkisel gıdalarda da olur. Doğal yiyeceklerin epitoplarını; işleme, kimyasallar, zirai ilaçlar, GDO, pişirme ve hazırlama usulleriyle değiştirdiğimiz için neoantijenlerle bol bol karşılaşıyoruz. Bu yüzden otoimmünite için modern yaşam hastalığı yani sanayi toplumu hastalığı diyebiliriz. Ninelerimiz dedelerimiz ekmeği de balı da yiyordu ama onlara bir şey olmuyordu, bize niye oluyor ki, diye soranlar için de cevap burada yatar. Vücut artık "tanıdığı" yiyeceği "tanıyamaz" oldu. Bütün bu faktörleri hesaba kattığımızda beden gezegenimizin durmaksızın ve tekrarlayan biçimde bize yabancı, bir anlamda uzaylı istilasıyla karşı karşıya olduğunu düşünebilirsiniz.

Bu şekilde her dakika vücutta dolaşan yabancı antijenler oluşur ve her gün vücuda antijenik olabilecek gıdalar girer.

Sağlıklı beslensek bile, içeri giren her şey antijen mi değil mi diye yoklanır. Bu yoklamadan sağlıklı yiyeceklerin, dost bakterilerin sınıfta kalmamaları gerekir. Onlara bir geçiş izni vermeseydik immünite tepkiyle cevap verirdi ve bu, sonunda artan otoimmüniteye doğru giderdi. Sürekli otoimmünite olmaması için bunlara karşı immün toleransımızın olması gerekir. Ağzımıza koyduğumuz yiyeceklere karşı belli bir toleransımız olmalı. Buna "oral tolerans" denir. Oral tolerans bebeklikten itibaren oluşur. Doğru bir oral tolerans gıda duyarlılıklarını engeller. Şimdi bağışıklık tepkisi vermeden yemek yiyebilmemizi sağlayan oral toleransa ve genel anlamda toleransın ne olduğuna bakalım.

Tolerans yani "immün tepkisizlik"

İmmün sistemin geçiş izni vermesini, havaalanında passcard'ı olup kontrol noktalarında didiklenmeden kolayca geçebilen yolculara benzetebiliriz. Toleransa "immün tepkisizlik" de diyebiliriz.

Farklı tolerans şekilleri vardır.

Vücutta üç aşamalı tolerans olur:

1. Oral tolerans: İlk olarak oral toleransın yiyeceklerle aramızdaki uyum olduğunu söylemek lazım. Yiyecek ağızdan girdiğinde bağırsaktaki immün sistemin o yiyeceğe tolerans halidir. Oral tolerans, ağızdan giren bir maddeye karşı geçiş izni vermek, o yiyeceğin antijenik algılanmasını engellemek demektir.
2. Santral tolerans: Bağırsak mukozasından içeriye bir şey sızmış ise –bu bir yiyecek proteini veya dost bakteri olabilir– bunlara karşı da tolerans olmalıdır. Santral tolerans içeri sızanlara karşı bağırsak immün sisteminin tolerans durumudur.
3. Periferik tolerans: Bağırsaktan içeri sızanlar sadece orada kalmayıp, dolaşıma veya başka dokulara geçerlerse oralarda gösterilen tolerans durumudur.

Bütün bu toleranslarda *Th1-Th2 dengesi ve en çok da T regülatör* hücrelerinin varlığı çok önemlidir. Toleransı bozan bu dengesizlik nasıl oluyor bakalım.

Tolerans anne karnında başlar. Bozulması da yine annenin hamilelikte yaptıkları ile çok alakalıdır. Mesela anne çok antibiyotik aldıysa, toksinlere maruz kaldıysa, stresli ise, kendisi hamilelikte sızdıran bağırsağa sahipse, alerjisi, otoimmün hastalıkları varsa bu, bebeğin de toleransını etkiler.

Bebek; sezaryenle doğduysa, anne sütü yerine formül mama kullandıysa, özellikle de inek sütüyle erken zamanda beslendiyse çocuğun toleransı azalır, otoimmüniteye veya alerjiye yatkınlığı artar.

Burada ***hijyen hipotezi*** denen şeyden bahsetmek isterim. Bu hipoteze göre çocukluktan itibaren bakteri ve virüslerle temastan gereksiz korunuyoruz. Dolayısıyla da immün sistemimiz eğitilmiyor, tecrübesiz kalıyor. Okul döneminde okula erken başlamamak, çocuğun kardeşinin olmaması, sokakta oynamaması hatta biraz parazit taşımaması, evde temas edeceği ev hayvanlarının olmaması, kalabalık bir aile olmamak ve evde çok titiz, aşırı temiz, hijyenik bir ortamda yaşatılması çocuğu çok steril yapıyor. Bu durumlar toleransı ve immün dengeyi bozuyor.

Şöyle; Th1-Th2 dengesinde normal zamanda iki koldan biri daha aktif değildir. Dengelidir. Ama böyle bir anlamda fanusta büyütülmeye çalışılan çocukların immün sistemi ise daha çok Th2 yönünde çalışıyor. Egzamaları, rinitleri, astımları, alerjileri daha çok oluyor. Sokak çocuğu dediğimiz gruba giren, hijyen hipotezine uymayanlarda ise dengeli bir Th1-Th2 oluyor. Yani ne alerjik oluyorlar ne de otoimmün hastalıklara yatkın oluyorlar. Toleransları yüksek oluyor. Gelişmekte olan ülkelerde yaşayan çocuklarda az hijyen ve bol antijenle temas, immün toleransı sağlayan Tregülatörleri artırıp dengeyi sağlıyor. Şehir ve apartman çocuklarında ise Tregler azalmış, Th2 artmış oluyor. Dolayısıyla immünite çoğunlukla alerjiye ve bazen de otoimmün tarafa kayabiliyor.

Eski dostlar hipotezi diye de bir hipotezimiz var. İyi bakterilerin immün sistemi eğittiklerine dair bir hipotez bu. Çünkü onlarla yüzyıllardır beraber yaşıyoruz. Onlar da immün sistemi dengeliyor. Yiyeceklerin ve çevresel faktörlerin kötü etkisi öncelikle içimizdeki iyi bakterilerin sayısını azaltıp kötülerin sayısını artırıyor. Bu durumda yiyeceklere karşı toleransımız da azalıyor.

Bağırsak hasarlandığı zaman da (antibiyotikler, NSAİİ tipi ağrı kesiciler, toksinler vs. sebebiyle) oral tolerans bozuluyor. Oral toleransın bozulması bağırsağı daha da bozuyor. İkisi birbirine sebep oluyor. Bağırsak sağlamlığı bozulup içeri sızan antijenler,

T ve B lenfositlerinin zamanla oto-reaktif olmasına sebep olabiliyor. Bağırsak sağlamlığı bozulunca oral toleransı sağlayan T regülatörler azalıyor. Tavuk mu yumurtadan yumurta mı tavuktan döngüsü böylece sürüp gidiyor. Biz de bunun yansımasını alerjiden otoimmün hastalıklara, yorgunluktan migrene, depresyona kadar farklı şekillerde yaşıyoruz.

İmmün sistem masumlara toleranslı olsa bu şikâyetlerimiz olmazdı. Sonuçta hem ağızdan girenlere oral toleransımız hem de vücudun içerisinde periferik toleransımız olmalıdır.

Oral tolerans olmasaydı hiçbir şey yiyemezdik. İmmün sistemin çoğu bağırsakta olduğu için, bunu bilmek bizi oraya ulaşan yiyecekler konusunda titiz bir seçim yapma mecburiyetinde tutar. *Aslında biz otoimmünite veya alerjiye sebep olan gıdalardan bahsettiğimizde, meselenin sebebi yiyecekler mi yoksa o yiyeceklere karşı azalmış toleransımız mı veya bunların içeri girmesiyle dürtülmüş immün sistemimiz mi, diye de düşünmemiz lazım.*

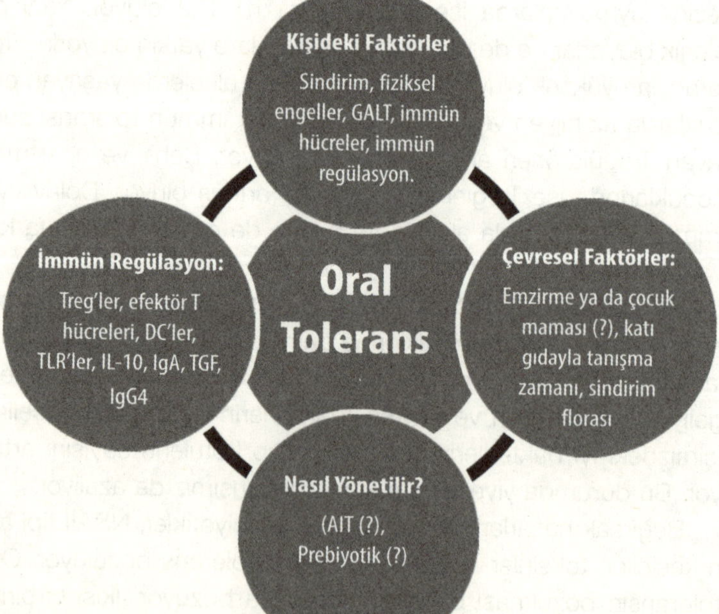

Yiyeceklere sonradan da intolerans yani toleranssızlık geliştirebiliyoruz. Eskiden bizde hiç sıkıntı oluşturmayan yiyecekler bir zaman geliyor ki, hazımsızlık, gaz, alerji, ödem gibi şikâyetlere sebep oluyor. Biz neyi yanlış yapıyoruz ki bu durumla karşılaşıyoruz? İşte burada o yiyeceği eskisi kadar sindirebiliyor muyuz, sindiremiyorsak neden sorularını sormalıyız. Demek ki yiyeceğin kendisi masumken bizim onu sindirememememiz yiyeceği düşman bir antijene çevirebiliyor.

Bu QR kodu okutarak bölüm hakkındaki videoya erişebilirsiniz.

Sindirimin alerji ve otoimmüniteyle alakası nedir?

Bizim yiyecekler ve immüniteye dair en önemli konumuz, onları iyi sindirip sindiremediğimizdir. Çünkü vücut çok *küçük yapılı proteinleri antijenik algılamıyor*. Antijenik algılanması için belli büyüklükte bir protein yapısı lazım. Eğer yiyeceklerdeki protein yapıları yeterince sindirilip küçük küçük peptitlere oradan da aminoasitlere yani proteinin en küçük parçasına ayrılmamışsa büyük kalıyorlar ve immün sistem onları antijenik algılıyor. Yani aynı yiyeceğin, küçük proteinlere kadar sindirilmiş halinde sorun yok, ama sindirilmemiş büyük kalmış ise sanki o aynı yiyecek değilmiş ve neoantijen yani yeni antijenmiş gibi algılanabiliyor ve onlara reaksiyon veriyoruz.

Gelin şimdi sindirim sorunlarının oral toleransa etkisine bakalım:

* Öncelikle *çiğneme az olursa* küçük parçacıklara ayırma işlemi ağızdan hatalı başlar. Çok çiğnemeliyiz. Ağızdaki enzimler de sindirim sürecinin bir parçasıdır.
* Zararlı dış bakterilerin vücuda ilk girdiği yer ağızdır. Yiyeceklerle gelen bu bakteriler mide asidinde ölmelidir. Ağız sağlığı da burada önemlidir. Çünkü ağızda, dişetinde üreyen enfektif bakterileri boyuna yutuyoruz. Aşağıya az bakteri göndermek için ağız sağlığına özen göstermeliyiz. Ancak ağız hijyenini sağlamak anlamında antiseptikli gargaralara çok güvenmek hatadır. Onlar normal ağız florasını da yok ederler.
* Ağızdaki uzun çiğneme hareketi, bağırsak hastalıkları, sindirim sorunları, otoimmünite ve alerjileri azaltmada çok önemlidir. Çiğnemenin önemi her zaman akılda tutulmalı, lokmalar minimum 20-25 kez çiğnenerek yutulmalıdır. Çiğneme aşağıdaki sorunla-

rı azaltır. Oral tolerans ağızdaki çiğnemeyle başlar.

* Mide içerisinde *midenin asit ortamı* yeterli olmalıdır. Sindirim için yeterli asit olmalı ki yiyecekler küçük parçalarına kadar ayrılsın. Bu özellikle yiyecek proteinleri için önemlidir. Zaten en çok antijenik algılanan maddeler proteinlerdir. Protein dediğimde sadece et, yumurta vs. gibi halk arasında proteinli yiyecek olarak bilinen besinler akla gelmesin. Her yiyecekte protein yapısı vardır. Ekmekte de, sütte de, bitkilerde de. Besinlerdeki protein yapılarının sindirimi en çok mide asidiyle ve mide enzimleriyle oluyor. Kaldı ki o asit ortamın etkisiyle yiyecek üstündeki bakteri ve parazitler de daha midede iken yok ediliyor. Mide asidi eksikliği de bağırsak hastalıklarını, dolayısıyla içeri giren antijenik maddeleri, alerjiyi, otoimmüniteyi artırmaktadır. Uzun süre mide asidi azaltıcı ilaçların kullanılmasını artık hekimler önermemektedir.
* Burada çok *hızlı yemenin sakıncasını* da söylemeliyiz. Yemeğimizi çok hızlı yediğimizde mide bunları ince ince sindirmeye yetişemeyebilir. Mide asidi az olduğu zaman hazımsızlığımız oluyor, anlıyoruz ki yeterince sindiremedik. Bu durumda vücut, mideden aşağı çıkışı kapatıp üst kapağı gevşetebiliyor. Üst kapak gevşeyince ise reflü dediğimiz, mide asidinin yemek borusunu yaralaması durumunu oluyor. Reflü, mide asidi çokluğundan değil sindirim sırasında az olmasından olan bir hastalıktır. Hızlı yemek, mide asidi eksikliği olsa da olmasa da sindirimi yavaşlattığı için yiyeceklerin küçük hale gelmesini zorlaştırır.
* Mide asidiyle karışık yarı sindirilmiş yiyecek (buna *kimus* denir) ince bağırsağa geçtiğinde ise bu asidin pankreas tarafından nötralize edilmesi lazımdır. Mide asitli yiyeceklerin ince bağırsak mukozasını hasarlamaması için, pankreasın bikarbonatla alkali nötralizasyon yapması lazımdır. *Pankreasın bikarbonatlı sıvısı* azsa "gastrit" dediğimiz ince bağırsak hastalıkları olur. Hasarlanan, sızdırır hale gelen ince bağırsak mukozasından antijenik sayılabilecek yiyecekler, bakteriler (SİBO) veya bakteri artıkları (LPS) içeriye girebilir.
* İnce bağırsak *duvarında da sindirime yardımcı enzimler* vardır. İnce bağırsak hasarlanırsa bu enzimler üretilemez.

* *Pankreas enzimlerinin yeterli olması* sindirimde çok mühimdir. Pankreas enzimleri de protein sindirimi yapar. Yetersiz enzimlerle küçük parçalara ayrılamayan, büyük kalan yiyecek proteinleri bağırsaktan içeriye sızarlar. Onlara karşı bir immün reaksiyon olur.

Bu yüzden enzimler, çiğneme, mide asidinin yeterli ve yeme hızının yavaş olması, otoimmüniteyi ve alerjiyi azaltmada önemlidir.

Oral toleransın bozulmasında etken olan başka sebepler de vardır. Şimdi onları görelim:

* Mide bağırsak sisteminin mukozasını koruyan *IgA'nın eksikliği* oral toleransı azaltıyor. IgA sadece bağırsakta değil gözde, burunda, akciğerlerde, tüm mukozalarda vardır. En çok ise mide bağırsak mukozasında bulunur. IgA, immün sistemin B lenfositlerindendir. Bağırsakta en çok olmasını istediğimiz B lenfosit IgA'dır. Bütün mukozanın üzerini koruyan maddedir bu. Antijenleri etkisizleştirir. İmmün savaşı başlamadan bitirir. Toleransı sağlamada çok önemlidir.
* Bağırsakta olmasını en çok istediğimiz T lenfosit ise *Tregülatörler*dir. Çünkü onlar da otoimmün veya alerjik reaksiyonu dengeleyenlerdir. Tregler yiyecek proteinlerine geçiş izni verir. İmmün sistemin onlara toleranslı olmasını sağlar. Eğer bir kişide yiyeceklere bağlı otoimmünite söz konusu ise Treglerin azlığını soruşturmak lazımdır.
* Ağız ve dişteki enfeksiyonlardan başlayarak mide bağırsak hattındaki bütün enfeksiyonlar, kimyasal toksinler, ilaçlar, sindirilmemiş proteinler, büyük kalmış peptitler, enzim yetersizliği, kronik stres, hormon dengesizlikleri, böbreküstü hormonları, tiroit hormonu yetersizlikleri de oral toleransı bozabilir.

Aynı şekilde kan şekeri regülasyonunda bozukluklar ve diyabet de bağırsak mukozasını ve oral toleransı bozar. Çünkü kan şekeri yüksekliği tek başına immün sistemin dengesini bozucu etki yapar. Kandaki yüksek şeker, oluşturduğu AGE isimli vücut proteinlerini bozan zararlı yapılarla da otoimmün reaksiyonları artırır. AGE'ler vücudun sağlıklı proteinlerine yapışarak hem onların fonksiyonlarını bozar hem de onları birer neoantijene çevirir. (Alzheimer'daki Tau proteini böyledir.)

Başka neler immün toleransa etkilidir?

Genetik etkilidir.

Yaş etkilidir. Yaş ilerledikçe biz bile daha az toleranslı olabiliyoruz. Vücudumuz nasıl olmasın?

Beslenme etkilidir. Ne kadar işlenmiş ve ne kadar katkılı yiyecek tüketildiği önemlidir.

D vitamini miktarımız toleransta temel konulardan biridir.

Anne sütü emmemek etkilidir. Toleransı anne sütünden öğrenerek hayata başlıyoruz.

Oral toleransta bağırsaktaki mikrobiomun çeşitliliği de çok önemlidir. Bakteri çeşitliliğinin az olması istenmez.

Yiyecek çeşitliliği de gereklidir. Tek tip beslenmek uygun değildir.

Yıllar içinde yiyeceklerden bakterilere, mantarlardan parazitlere kadar artan bir tolerans gösteririz. Hemen onlara tepki vermeyiz. İnflamasyon yapmayız. Ortak yaşam oluşur.

Bağışıklık konusunu en temelden alarak, unsurlarını tanıyarak, savunma ve saldırı askerlerini öğrenerek kitabın bu noktasına kadar ulaştık. Şimdi artık bağışıklık konusunda bize düşen görevleri konuşmaya başlayabiliriz.

Eğer bir patojen, antijen veya alerjen vücuda girmezse onunla bir meselemiz olmaz. Bu durumda ne viral ,ne bakteriyel ne de alerjik şikâyetlerimiz olur. Soluduğumuz havadan, yiyeceklerden, kimyasallardan gelen antijenlerin, içeri girdiklerinde biz ve onlar arasındaki sınırı oluşturan bariyerlerin sağlamlığı immün sistemin en önemli konusudur. Dışarı ile temas halinde olduğumuz bu sınırlarımız iyi korunursa alerji ve otoimmün hastalıklar azalır.

Zayıf noktalarımızdan içeriye sızanlar olmazsa bunlara karşı başlattığımız bağışıklık savaşı yön değiştirip otoimmün hastalıklara da sebep olmaz. İşte bu noktada, meseleyi başlatan eşik olan, vücuda giriş yollarının en mühimi, mukozalarımızdaki bağışıklığı anlamak ve onu korumak bize düşen en önemli görevdir.

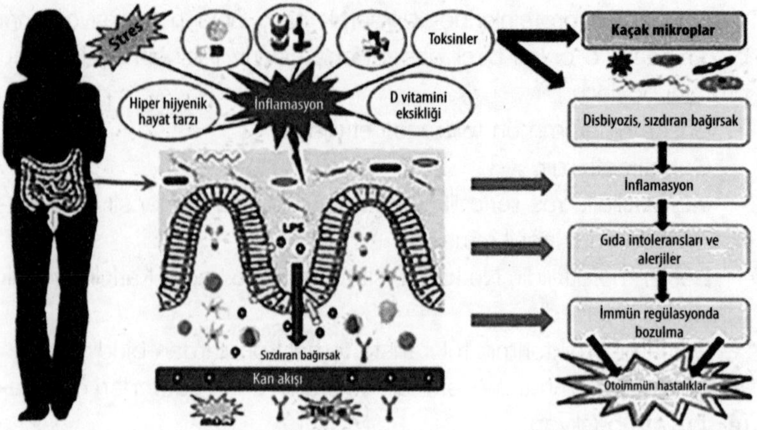

Buraya not alabilirsiniz

Buraya not alabilirsiniz

Mukozal bağışıklık: Gerçek bağışıklığın başladığı yer

Mukozal bağışıklık bizi virüs ve bakteri gibi dış patojenlerden korumada önemlidir. Ancak biz de ona yardımcı olabiliriz ve bu yardım yiyecek seçimlerimizle başlar. Normalde sorun çıkarmayacak bir besin mukozal bağışıklık bozulursa hem alerji hem de otoimmünite yapabilir.

Masum bir besine veya polen gibi masum bir dış etkene gösterdiğimiz immün tepkisizliğe tolerans dedik. Toleransın bozulmasındaki en büyük sebep bağırsaktaki oral toleransın bozulmasıdır diye de ekledik. Oral tolerans bozulursa yiyecek parçaları mukozadan içeriye sızar. Tüm olayları başlatan da bu sızma işidir.

Özetle olaylar şöyle gelişir:

* Neoantijenlerle ve bağırsak sağlığının bozulmasıyla oral tolerans azalır.
* Yiyeceklere tolerans göstermek yerine tepki veren immün sistem bağırsakta inflamasyon yapar.
* İlk olarak yiyeceğin bağırsağa temas yeri olan bağırsak mukozasında inflamasyon başlar.
* Bu inflamasyon mukozayı hasarlar.
* Mukozanın sağlamlığı bozulup üzerinde delikler açılır.
* Bu deliklerde içeriye, bakteri endotoksinler yani LPS'ler, sindirilmemiş yiyecek proteinleri, kimyasal toksinler, ağır metaller girebilir.
* Mukoza üzerindeki immün savaşı kaybettiğimiz için savaş mukoza altında devam eder.

* Mukozadan giren patojene, yiyecek proteinlerine, bakteri parçalarına hem doğal hem de edinsel immünite savaş açar.

Bağırsak mukozasında sızdırma başlayınca, vücudun başka yerlerindeki mukozal sistemler de sızdırır hale geçiyor. Mesela kan-beyin bariyeri dediğimiz, beyni koruyan bariyer de sızdırır hale geçebiliyor. Beyne geçen antijenlerle orada da bir savaş başlıyor. Akciğer, burun, ağız mukozası da aynı şekilde sızdırır hale geliyor. Çünkü vücudun içine girmiş olan herhangi bir antijenik yapı, karaciğerde, beyinde, kasta, eklemde, böbrekte, pankreasta, ciltte birikerek yarattığı inflamasyonla o dokuda bir otoimmünite oluşturuyor. Sinir sistemi de dahil tüm otoimmün hastalıklar, bizim mukozaları korumamızla ilgili bir konu olarak karşımıza çıkıyor. Dolayısıyla otoimmünite dediğimiz zaman önce mukozalardan yani bariyerlerden içeriye kolay geçişi engellememiz lazım. Ne bir virüs, ne bir yiyecek, ne bir bakteri ne de bir toksin mukozadan geçemezse antijenik algılanamaz.

Mukozal immünite ile sınırları korumak

Öncelikle mukozaların nereler olduğunu bilmeliyiz. Ağzımızı açıp yanak içimize baktığımızda ince, kırmızı, ıslak bir deri tabakasıyla kaplı olduğunu görürüz. Aynı şekilde gözkapağımızın içi de böyledir. Bu kırmızı ince ıslak tabaka içimizdeki tüm boşlukları kaplar, o yüzden mukozalara iç derimiz diyebiliriz. Ağız boşluğu, yemek borusu, mide, bağırsakların içi, burun, akciğer alveolleri, vajina... Tüm bunlar ince iç deriyle kaplıdır.

Düşmanlar en çok buralardan girer. Peki ama neden?

Mukoza çok incedir. Üzerinde tek bir sıra halinde, hiç boşluk bırakmayacak şekilde yan yana dizilmiş mukozal epitel hücreleri vardır. Mukozanın ince olması düşmanın kolay girmesinde etkendir.

Dış derimiz, cildimiz mukozaya göre oldukça kalındır, oradan girmek daha zordur. Derimiz yedi katlı hücre ile korunurken bağırsak mukozamızda tek bir kat hücre vardır. Bağırsak, her türlü dış etkene bir hücre uzaklığındadır. Tüm mukozaların böyle ince olması gereklidir çünkü buralardan vücudun içine girmesini istediklerimiz de vardır. Akciğerlerden oksijen, bağırsaklardan yiyecekler bu ince katmandan kolaylıkla girebilmelidir.

Mukozaların düşman giriş yeri olmasının ikinci bir sebebi de çok geniş bir alan kaplamalarıdır. Yani hat çok ama çok geniştir. Bağırsakta, akciğerlerde mukozalar pilili halde yan yana katlanmış şekilde sıralanmıştır. Mukozanın pililerinin varlığı onun yüzey metrekaresini genişletir. Böylece istediğimiz maddelerin içeri girmesi için daha çok alan kazanmış oluruz. Bağırsaktaki pilili mukozayı ütüleyip açsak 400 metrekareyi bulur. Düşünsenize, ne acaip bir alan genişliği. Çoğumuzun oturduğu evlerin metrekaresinin bunun yarısına bile ulaşmadığını düşünürsek nasıl bir alandan söz ettiğimiz daha iyi ortaya çıkar.

Mukozalar çok kolay haraplanabilir. Tek katlı hücreciklerden oluştukları için bu hücrelere yiyeceklerden, ilaçlardan, sigaradan, toksinlerden, istenmeyen bakterilerden, parazitlerden kolaylıkla zarar gelebilir. Mukoza epiteli bu yüzden çok sık yenilenir. Bağırsak mukoza hücrelerinin hasarlananları çok sık olarak yenisiyle değiştirilir. Yenilenme 4-5 gün gibi kısa bir sürede gerçekleşmelidir. Bu sürede tüm bağırsak mukozası yenilenmelidir. Yenilenme yavaş ve yetersiz olursa düşman içeri girebilir. Zaten bu durumun adı da sızdıran bağırsaktır. Bu narin yapıları sebebiyle tüm mukozalar bağışıklık hücrelerince çok sıkı korunurlar. Bağışıklık gücümüzün çoğunu buralara konuşlandırmışızdır. Bu bölgeler ülkemizin sınırları gibidir.

Mukozanın fiziksel özellikleri onun savunma gücünü anlatır. Mukozaların ne gibi fiziksel koruyucu özellikleri vardır, şimdi bunları görelim:

* Mukozalar ıslaktır. Mukozanın *nemli* olması, çoğu patojenin yaşaması için uygun değildir.
* Bu ıslaklığın içinde çeşitli patojen öldürücü veya etkisizleştirici maddeler vardır. Hatta adları da yaptıkları işi anlatır. Bunlara *antimikrobiyal peptitler* denir. Yine bu peptitlerden birinin adı, defans yani savunma manasına gelen *defensin*'dir.
* Üzerinde bir *mukus tabakası* vardır. Görece kalın olan bu tabaka, düşmanları mukozadan mesafe olarak da uzakta tutar.
* Mukozada IgA isimli bir koruyucu madde vardır. Anne sütünü ilk emdiğimiz günden beri oradadır. IgA rahat rahat yemek yiyebil-

memizin de sebebidir. O olmasa yemekler de birer patojen olabilirdi.

* Akciğer mukozası üzerinde ayrıca *silialar* denen hareketli püsküller vardır. Bu püsküller hareket ettikçe düşmanı uzaklaştırırlar.
* pH yani asidite de bir savunmadır. Düşük mide asidi, vajinanın asit pH olması, cildin pH'ı da immün sistemin parçası sayılabilir.
* Refleksler, mesela öksürme, hapşırma hatta ishal olma dahi mukoza savunmasının zararlıyı kovmak için planladığı hareketlerdir.

Mukozal bağışıklık, hem mukoza üzerindeki bağışıklık hem mukoza altındaki doğal bağışıklık ve edinsel bağışıklık ile korunur.

Şimdi size mukozal bağışıklığı bağırsak mukozası üzerinden anlatacağım. Zaten orayı korursak diğerleri de büyük oranda korunmuş olur.

Bağırsak mukozası ve immünite

Bağırsak mukozasındaki immün sistem çok gelişmiştir. Burası 400 metrekarelik alanıyla çok geniş bir kapıdır. Bağırsak mukoza epiteli hücrelerinin üstünde *villus* denen halı saçakları gibi yapılar vardır. Villuslar yiyeceklerin emildiği yüzeylerdir.

Bu sınırı sağlam tutmak için tüm mukoza 4-5 günde bir yenilenir. Yenileme, villusların altındaki kript hücreleri denen bağırsak kök hücrelerince yapılır. Villusların dibinde duran kök hücreler bağırsak mukoza hücresi haline gelip yavaş yavaş yukarı tırmanır, eskinin yerini alır.

Bağırsak en çok mukozal immünitenin olduğu yerdir. Lenfosit sayısı, antikor sayısı çoktur. Lenfositlerin lenfoid organlar ve lenfler dışında en çok olduğu yer bağırsaklardır. Bağırsak epiteli altında gevşek bir bağ dokusu da vardır. "Lamina propirya" denen bir katmandır bu. Burada genel adı MALT olan, mukozalara ait lenfoid sistemin bağırsağa özel olanı, GALT bulunur. T ve B lenfositlerinin bağırsak mukozasında yerleşik olanları buradadır. MALT sistemi tüm mukozalarda bulunur. (BALT: Bronşlara yani akciğere ait lenfoid sistem, NALT: Buruna ait lenfoid sistem gibi.) GALT da bağırsaktaki sistemin adıdır.

Mukozal bağışıklığın elemanları şunlardır:

* Mukus
* Antimikrobiyal peptitler
* M hücreleri
* IgA
* Mukozanın epitel yapısı
* Bağırsaktaki doğal immünite; dendritik hücreler (DC) ve makrofajlar

* Bağırsaktaki edinsel immünite; GALT: T lenfositleri ve B lenfositleri, Th1, Th2, sitotoksik T'ler, Tregler, Th17'ler, histamin salan mast hücreleri

Sırayla hepsinin fonksiyonlarını, mukozayı nasıl koruyup nasıl harapladıklarını öğrenelim. Bizim bütün işimiz mukozayı koruyacak şekilde beslenmek ve yaşamak olacağı için bu bilgiler önemli. Zararlılar içeri girince pek yapacak bir şeyimiz kalmıyor. Orası kontrolümüzde değil. Ancak giriş yerlerini korumak bizim elimizde. Sınırdan giren olmazsa hastalıkların büyük çoğunluğu engellenebilir.

Mukus: Bağırsakta sayısız bakteri vardır. Bu bakterilerin zararlı olanları bağırsak mukozasına zarar verebilir. Bunu engellemek için mukoza kalın bir mukus tabakasıyla kaplıdır. Adı goblet olan hücreler mukusu yaparlar. Mukozanın üzerindeki bu mukus tabakası bakteriler ile aramıza mesafe koyar. Bakterilerin çoğu bu mukusun ötesinde kalırlar. Bağırsak mukozası ile direkt temasa geçemezler. Bu mukus bariyeri sürekli yenilenir. 12 saatte bir goblet hücrelerinden litrelerce günlük mukus üretilir.

Antimikrobiyal peptitler: Mukoza epitelinde antimikrobiyal peptitler (AMP) üretilir. Bunlar zararlı bakterileri öldürür. Adı paneth olan hücreler antimikrobiyal peptitleri yaparlar. Bunlar *defensin, katelisidin* isimli proteinlerdir. *D vitamini bunları güçlü kılmakta çok etkilidir*. Antimikrobiyal peptitler bakterilerin dış kısımlarını zedeler, onları öldürürler.

M hücreleri: Adı M olan hücreler örnekleme hücreleridir. Sürekli yoklama yaparlar. Periskop gibi bağırsaktan yukarı doğru tırmanıp bağırsağın iç boşluğu olan lümene giderler, bağırsağın içinden örnekler alırlar. Bu örnekleri içeri taşıyıp immün sistemine tanıtırlar. Eğer örnek antijenik değilse immün sistem cevabı olmaz. Bazı uyanık bakteriler ve virüsler, bu M hücrelerinin içine saklanıp Truva atı modeli içeri sızabilirler.

IgA: Bağırsakta yapılan antikor bağışıklığı vücudun diğer yerlerindekinden farklıdır.

Çünkü vücudun diğer yerleri sterildir. Bağırsak steril olamaz. Tonla bakteri ve yiyecek vardır. Bunlara her dakika immün reaksiyon veremez. Oysa burada patojenler ve antijenler de var. Bu ayrımı doğru ve hızlı yapabilmelidir. Vücudun diğer yerlerinde patojenlere karşı bağışıklığı IgG ile oluştururken bağırsak mukozası immünoglobulin olarak IgG'yi değil IgA'yı kullanır.

Normal immün cevapta bir patojene önce IgM sonra IgG cevabı oluşturulduğunu biliyoruz. IgG ile antijen-antikor kompleksi halinde o patojen kelepçeleniyordu. IgA bunu yapmaz. IgA'ya "do nothing" immünoglobulin denir. Klasik immün cevap oluşturmayan immünoglobulin. Sitokin salmaz. İmmün sistemin diğer kısımlarını dürtmez. Barışçıldır. IgA'ya sekretuar immünoglobulin denir. Sekresyon yani sıvı olan yerlerdedir. Vücutta en çok üretilen antikorlar IgA'dır. 70 kiloluk bir kişi günde 2 gr IgA üretir. Ağızdan başlayarak tüm bağırsağı kaplayan immünoglobulin IgA'dır. Diğer mukozalarda da vardır.

IgA'ya inflamasyon yapmayan antikor diyebiliriz. Bağırsak lümeninde patojen varsa IgA ona bağlanır ve onu etkisizleştirir. Onun dışkıyla atılmasını sağlar.

Normalde küçük antijenik maddeler, toksinler, bakteriler içeriye kaçabilecekken IgA büyük bir madde olduğu için onların üstünü kaplayınca bunlar bağırsak deliklerinden içeriye giremezler. İçerde immün cevaba sebep olamazlar. Böylece IgA inflamasyonu sessizce sınırlar. IgA oral toleransı sağlamada önemlidir.

IgA yeterliyse, IgG devre dışı kalır ve IgG ile oluşan "immün kompleksler" ile veya "moleküler benzerlik" ile inflamasyona sebep olacak bağışıklık yolağı çalıştırılmamış olur. Çünkü immün komplekslerin oluşması kompleman yolunu aktive ederek inflamasyona sebep olur. IgA kompleman yolunu aktive edip dokuyu hasarlamaz. IgA eksikse bağırsakta inflamatuar hastalıklar artar. Yiyecek alerjileri olanlarda IgA'nın düşük olduğu, IgE ve IgG'nin yüksek olduğu bilinir. IgA tüm mukozalarda olduğu için eksikliği tekrarlayan üst solunum yolu enfeksiyonlarına sebep olur. Vajinal mukozada IgA eksikliği HIV virüsünün bulaşmasını kolaylaştırır.

IgA anne sütünde ve kolostrumda da (doğumdan sonraki ilk birkaç gün içinde salgılanan süt, ağız sütü) bol miktarda vardır. Bebekken anne sütü emilmemesi mukoza sağlamlığını azaltır.

IgA'nın oluşumunda diyetteki A vitamininin önemi büyüktür. A vitamininden yapılan retinoik asit IgA'yı artırır.

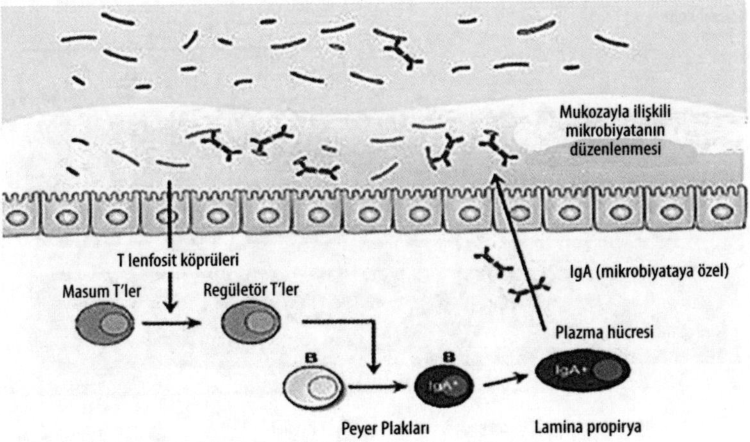

Mukozanın epitel yapısı:

Bağırsak mukoza epitel hücreleri birbirleriyle çok yapışıktır. Aralarından kontrolsüz hiçbir şey içeriye sızmaz. Bu epitellerin oluşturduğu sıkı yapıya *tight junction* denir yani TJ. TJ sağlamlığı epitel hücrelerinin 4-5 günde bir toptan yenilenmeleriyle sağlanır. Bağırsak kök hücrelerinden sürekli yeni hücreler yapılıp hasarlanmış olanlarıyla değiştirilir. Duvarı sürekli sağlam tutmak, sızdırmasına izin vermemek gerekir.

Ancak pek çok sebepten bu TJ'lerin arası açılıp içeri sızdırma başlayabilir. Ağrı kesiciler (NSAİ), metaller, alkol, antibiyotikler, stres, uykusuzluk, işlenmiş gıdalar, diyabet, iyi bakteri eksikliği, lifli besin eksikliği, sindirim enzim eksikliği TJ sıkılığını bozabilir. TJ'lerin sıkılığı bozulunca içeri girmemesi gereken büyük moleküllü, henüz sindirilmemiş yiyecek parçaları geçebilir. Bunlar immün sistemce antijenik algılanır. Bağırsak bakterilerinin artıkları ve toksinler içeri sızabilir. Bunlara karşı da içeride hem doğal hem de edinsel immünite savaş verir.

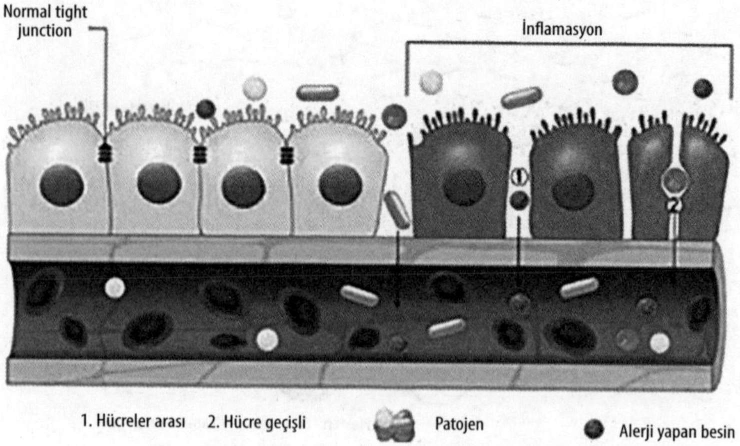

Bağırsaktaki doğal immünite:

Bağırsak mukozasında doğal immün sistem çok aktiftir. Burada da doğal immün sistemin elemanları doğal katil hücreler yani NK'lar, antijen sunan dendritik hücreler yani DC'ler ve makrofajlar iş görür.

Antijen sunan DC'ler mukozal bağışıklıkta çok önemlidir. DC'ler tipsiz şekillerini oluşturan ince uzun kollarıyla aralarda saklanmış antijenleri hemen bulabilir. DC'ler antijenik buldukları bir maddeyi uygun gördükleri T lenfositlerine sunarlar. Çünkü T'leri harekete bunlar geçirirler. DC'ler, oral toleransın iyi olduğu zamanlarda antijeni TH1 grubu savaşçılara değil, tolerans sağlayan T regülatörlere sunarlar. T regülatörler o yiyeceğin geçişine izin verirler ve böylece immün savaş olmaz. Bağırsakta inflamasyon olmaz. Ama oral tolerans bozulur, TJ'ler çok sızdırır hale gelirse, DC'ler yakaladıkları antijeni T'lerin Th1 grubuna antijen olarak sunabilirler. O zaman olay inflamasyonla devam eder. Th1 aktivitesi hem inflamatuar M1 makrofajları hem de öldürücü sitotoksik T'leri aktive eder. Bu durum bağırsak mukozasını iyice sızdırır hale getirir. Tavuk yumurta döngüsü başlamış olur. Th1'lerden sonra devreye giren Th2'ler ise o yiyeceğe karşı IgG antikorlarının yapılmasına sebep olur. IgG oluşumu bağırsaktaki immün kompleks miktarını artırır. Kompleman yolu harekete geçer. İnflamasyon iyice artar. Oysa istenen IgA'nın artmasıdır. IgA inflamasyona sebep olmaz. DC'lerin yiyecek antijenlerini T regülatörlere sunması IgA'yı artırır. Bunun için DC'lerin antijen sunum işini doğru yapmaları gerekir. Bağırsaktaki DC'ler vücudun diğer yerlerinden daha barış yanlısıdır. Makrofajlar da öyle. Mümkünse işi inflamasyona götürmek istemezler.

D vitamininin varlığı DC'leri doğru çalıştırır. Bunların antijen sunma yeteneğini dengeler. Böylece DC'ler bağışıklığın edinsel kısmını devreye sokmaz.

Bağırsaktaki edinsel immünite:

Bağırsaktaki T lenfositleri şunlardır: GALT'taki yani bağırsağa ait lenf sistemindeki T lenfositleri; Th1'ler, sitotoksik T'ler, Th2'ler (bunlar parazitlerle savaşır), Th17'ler (bunlar mantarlarla, kandida ile savaşır). Bağırsak sağlamken Tregler, Th17 ve Th1'lerden çoktur.

Th1'ler normalde bağırsakta azdır. İBS'lilerde bağırsak sızdırıcılığı arttığı için Th1'ler artar. Otoimmün bağırsak hastalıklarında da Th1 ve Th17'ler artar.

Bağırsak mukozası üzerinde hazır bekleyen sitotoksik T'ler vardır. Vücudun diğer yerlerindeki sitotoksik T'lerden biraz farklıdırlar. Bunlar, normalde Th1 ile dürtülerek öldürücülüğe sahip iken, bağırsak mukozasında dürtülmelerine gerek olmadan öldürücü olabilirler. Çünkü bağırsak steril değildir. Bu kadar patojenle baş etmek için daha hızlı karar almak gerekir. Mukozadaki sitotoksik T'ler daha çok hafıza T hücreleri halindedir. Hafıza T hücrelerinin en çok olduğu yer bağırsak mukozasıdır. Mukozanın o tek kattan oluşan hücrelerine bir virüs girerse, hafıza hücresi halindeki sitotoksik T'ler hemen o hücreyi öldürür. Böylece hasarlı hücre ve içindeki yok edilir. Bunların görece sayıları azdır. Hücre başına 10-15 tane hafızalı sitotoksik T vardır. Ancak çok öldürücü oldukları için fazla çalışıp mukoza hücrelerini öldürürlerse bağırsak geçirgenliği sızdırır hale gelir. İnflamatuar bağırsak hastalıkları olur. Bu T'lerin çok çalışmasını istemeyiz.

Bağırsakta en çok olması istenen T lenfosit T regülatörlerdir.

T regülatörler: Bağırsaktaki inflamasyon çok fazla olmasın istenir. Çünkü sürekli yiyecekler içeri girmektedir. Bu yüzden T regülatörler bağırsakta boldur. Yoksa dakika başı içeri giren yiyeceklere sürekli tepki verirdik. Vücudun başka yerinde bağırsaktaki kadar yabancıya tolerans yoktur. Hem yiyeceklere hem bakterilere karşı sürekli inflamasyon olmasın diye T regülatörlerle tolerans sağlanır.

Yediğimiz her şeye sürekli tepki vermemeye oral tolerans demiştik. T regülatörler bunu sağlar. İBS'de T regülatörler düşük, Th1'ler aktiftir. Yiyeceklere alerjik reaksiyon verebilenlerde ise Th2'ler ve IgE'ler aktiftir.

Şimdi mukozadaki edinsel immünitenin T ve B lenfositlerini özetleyelim, çünkü konu elbette biraz karışık gibi görünmüş olabilir.

Bağırsaktaki T lenfositleri:

Th1 aktivitesi normalde mukozada düşük olmalıdır.

Bağırsak mukozasında Th2 daha aktif olmalıdır. Th2, mukusu ve bağırsak hareketlerini artırır. Dolasıyla da zararlı bir şeyi ishal olarak atmamıza yardımcı olur. Th2, M2 makrofajlarını artırır. Bu da yara iyileşmesi yapar.

Th2, mast hücrelerinden IgE salar. Bunu yapmasının amacı helmintleri, parazitleri öldürmektir.

Yine Th17 kandida mantarına cevap verir. Fazla olması inflamatuar bağırsak hastalıkları ve otoimmünite ile ilgilidir.

Sitotoksik T'ler, mukozada az aktif olmalıdır. Yoksa mukozalar sızdırır.

Tregler mukozanın ev sahibi olmalıdır.

Bağırsaktaki B lenfositleri:

T lenfositleri bağırsak lümenine yani bağırsağın içindeki boşluğa giremez ama B'ler girebilirler. IgA bağırsak boşluğuna girer ve oradaki patojenleri nötralize eder. IgA'ya bağlanan antijen de başka yere bağlanamadığı için etkisizleşir.

B lenfositlerden M ve G'ler ancak mukozadan içeriye girenlere reaksiyon verebilirler. Özellikle gram negatif bakterilerin LPS'lerine reaksiyon verirler. LPS'lere ve yiyecek proteinlerine karşı oluşan immün kompleksleri yok etmek için kompleman yolu aktive olur, kompleman yolu aktivasyonuyla bağırsakta lokal inflamasyon başlar. Vücuda yayılan immün kompleksler de tüm vücutta kompleman yolunu aktive eder, sistemik yaygın inflamasyona sebep olurlar. İmmün kompleksler bir dokuya çökerlerse orada da aynı şey olur, o organ hasarlanır. Kronik inflamasyon otoimmüniteye ve kronik hastalıklara sebep olabilir. Bu yüzden bağırsakta bol IgA olsun, IgM ve IgG oluşsun istenmez.

Bağırsakta IgE oluşması parazit ve helmintleri yok etmek içindir. IgE ile aktive olan bağırsak mast hücreleri histamin ve eritici enzimler salarak parazitleri yok eder. Ancak bu savaş anında histamin ve diğer enzimler bağırsağa zarar verebilir.

Temelde bağırsakta immün sistem bu şekilde çalışır. Diğer mukozalarda da durum benzerdir.

Bu QR kodu okutarak bölüm hakkındaki videoya erişebilirsiniz.

Diğer bölgelerdeki immün sistem

Akciğerler:

Akciğerde de mukus, antimikrobiyal peptitler, M örnekleme hücreleri, lenfler, T regülatörler ve IgA vardır.

Akciğerde silia hareketi adı verilen bir hareketle ve öksürerek bronşların kasılmasıyla bizi rahatsız edeni dışarı atabiliriz.

Akciğerin içi sürfaktan denen yağlı bir maddeyle kaplıdır. Bu madde akciğerin açılıp kapanmasına yardım ederken bakteri ve virüsleri de engellemek için çalışır.

Akciğerde en çok alveoler makrofajlar çalışırlar. Bunlar diğer makrofajlara göre daha antiinflamatuar makrofajlardır. İşi daha gürültüsüz halletmeye çalışırlar. Akciğerin de mast hücreleri vardır; alerji ve astımda bunlar etkendir.

Cilt:

Cildimizin toplam alanı iki metrekare civarındadır. Epitelde keratinositler denen hücreler vardır. Bunlar antimikrobiyal peptitler salgılar. Deride de makrofajlar vardır. Bunların adı Langerhans hücreleridir. Derideki T'ler çoğunlukla hafıza T'leridir ve orada sürekli dururlar. Egzamada fazla aktiftirler. Atopik dermatit gibi durumlarda ise deride Th2 ve IgE'ler aktiftir.

İmmün öncelikli yerler:

Beyin, göz, testis, plasenta, fetüs... Bunlara immün öncelikli yerler denir. Buralarda Th1'lerin az aktif, T regülatörlerin aktif olması istenir. Çünkü buralar hassastır, buralarda sürekli bir savaş olması, inflamasyon olması istenmez.

Beyni kan-beyin bariyeri korur. Her bariyerin civarında olduğu gibi buralarda da yine dendritik hücreler ve makrofajlar çoktur. Beynin içindeki makrofajın adı mikroglia hücreleridir. Diğer makrofajlara göre daha zor aktive olurlar. Beyindeki immün reaksiyonlar daha zor dürtülür, çünkü beyinde inflamasyon olsun istenmez.

Yine testiste de kısırlık olmasın diye immün sistem daha az aktiftir.

Hamilelikte de immün sistem farklı çalışır. T regülatörler çok yükselir. Bebeğe tolerans olur. Eğer Th1'ler yüksek olursa da çocuğun reddi ve düşük olur.

İmmüniteyi iyice kavradığımıza göre şimdi ne yiyip ne yemeyeceğimize, immün sistemi desteklemek için hangi vitaminleri alacağımıza bakalım.

Hangi gıdalar İmmün sistemi dürter

Önceki bölümlerde de bahsettiğim gibi yiyeceklere immün reaksiyon son yıllarda katlanarak artmış durumda; bunun sebeplerinden biri gıdaların işlenmiş ve katkılı olmalarıdır.

Bu değişiklikler immün sistemin eskiden oral tolerans gösterip zararsız olarak algıladıklarını değiştiriyor, çünkü eskiden bildikleri bu maddelere benzemiyor. Bu maddeler vücuda sürekli ve çok miktarda girdikçe de tolerans giderek azalıyor. Tolerans azaldıkça oluşan immün savaş ise mukozaları zedeliyor.

Diyelim işlenmemiş gıdalar tüketmeyi başardık, bu sefer de sindirim sorunlarımız oral toleransı bozuyor. Önceden oral tolerans gösterdiğimiz bir yiyeceği, yaşla beraber sindirimimizde gelişen yetersizlikle, eskiden yapabildiğimiz kadar iyi sindiremiyoruz. Yiyecek daha büyük parçalar halinde kalınca, oral toleransın tanıdığı, eski küçük parçalarına benzemiyor. Az çiğneme, hızlı yeme, mide asidi yetersizliği, safra yetersizliği, pankreas enzim yetersizliği gibi sebeplerden yiyeceğin en küçük haline kadar sindirilmemesi buna sebep oluyor. Oral toleransın eskiden tanıdığı küçük yiyeceklerin şimdi sindirilmemiş büyük halleri, bir yiyecek olarak değil de immün sistemin tanımadığı, yeni birer antijen (neoantijen) gibi algılanıyor. Bunlar sızdıran bağırsaktan içeri sızınca da immün sistem onları yok etmek istiyor.

Buraya kadar biliyoruz. Şimdi hangi yiyecekler hangi immün cevabı oluşturuyor öğrenelim:

Yiyeceklerin yaptığı immün reaksiyonlar farklı farklıdır. Akut alerjik reaksiyon yapan yiyecekler klasik alerji yaparlar, bu da IgE artmasıyla olur. Erken çocuklukta bunu fark ederiz. IgE, bağırsaktaki mast hücrelerinden histamin salar ve ani gelişen alerji yapar. Nefes darlığı, döküntüler, şişmeler gibi. Bunu yapan yiyeceği tespit etmek kolaydır. Çünkü yiyeceğe hemen tepki verilir.

IgM ve IgG aracılı yiyecek intoleransına, IgE olmadığı için, alerji demiyoruz. Duyarlılık diyoruz. Bunu anlamak daha zordur. Yiyeceğin tüketilmesinden saatler, günler hatta haftalar sonra ortaya çıkabilir. Bağırsaktan sızma yüzdesi fazla ise yiyeceğe karşı IgG ve IgM antikorları daha fazla olur. Bu antikorlar kitabın başından beri anlattığımız kelepçelenme işini yapanlardır. IgG antikoru hem antijeni kelepçeler, etkisizleştirir, onu hafızalar hem de onun düşman olduğu sinyalini verir. Bir şeye karşı IgG antikoru oluşturduğumuzda immün kompleksler oluşturmuş oluyoruz. Vücuttaki immün kompleksler daima sorun yaratır. İmmün kompleksin amacı "Burada düşman var ve zamanla yok edilsin" mesajını immün sistemin diğer kısımlarına haber vermektir.

Oluşan immün kompleksler bağırsak mukozasına çökerek; orada lokal olarak yok edilirken bu bağırsağa da zarar verir. Bağırsak sızdırması artar. İBS, çölyak, kron hastalığı, bağırsaktaki lokal inflamasyonla olan hastalıklardır.

Ya da bunlar lokal olarak zarar vermeyebilir ama dolaşıma çıkıp "dolaşan immün kompleksler" olurlar. Kompleman yolu denen bir bağışıklık saldırısını harekete geçirirler. Otoimmün hastalıklardan SLE gibi sistemik hastalıklar bu şekilde olabilir.

IgG antikorları sadece yiyeceklere değil bakterilere ve bakteri artıklarına karşı da oluşur. Bunlar da immün kompleks yapabilir.

IgG'ler sadece immün kompleksler üzerinden immün sistemi dürtmez. IgG'nin bir yiyecek antijeni için hazırladığı antikor yani kelepçe vücudun başka bir yerine de benzeyebilir. Çapraz reaksiyon veya moleküler benzerlikle, oralara karşı antikor yapıp o bölgenin de kendi immün sistemimiz tarafından saldırıya uğramasını sağlarlar.

Gluten grubu:

Buğday ve süt proteinleri en çok moleküler benzerlik sebebi olan proteinlerdir. Bu yiyeceklere karşı yapılan antikorlar, sinir sistemindeki miyelin kılıfına, pankreastaki hücrelere ya da tiroit dokumuza benzeyebilirler. Böylece de oralara saldırı başlamış olur. Glutene bağlı non-çölyak hastalıkları sınıfına giren gluten duyarlılığı hastalıkları listesi uzundur. Çalışmalar, tiroit hastalıklarından migrene, kısırlıktan ödeme, saç dökülmesine, PCOS'a, artride kadar pek çok semptomu ve hastalığı gluten ile ilişkilendirir. Glutenli besinlerdeki gliadin proteini, buna karşı oluşan immün antikor yanıtıyla, vücuttaki kendi dokularımızla en çok moleküler benzerlikle çapraz reaksiyona sebep olan proteindir.

Aşağıdaki otoimmün hastalıklar buğday proteinleriyle ilişkilendirilmiştir.

* MS
* Otoimmün tiroit
* Saç dökülmesi (alopesi)
* Osteoporoz
* Otizm
* SLE
* Artrit
* Tip 1 diyabet
* Migren
* Egzama
* Fibromiyalji
* Periferik nöropati
* Addison hastalığı
* Çölyak

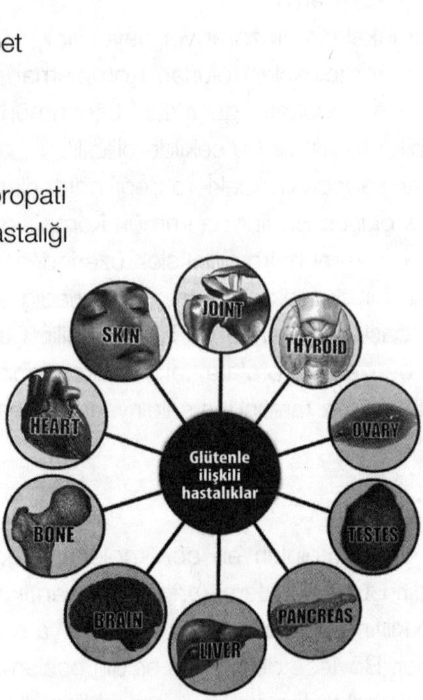

Sağdan sola: Eklem, tiroit, overler, testis, pankreas, karaciğer, beyin, kemik, kalp, deri.

Çalışma sonuçlarına göre glutene bağlı hastalıkların etkilediği organlar listesi de şöyledir:

* Kemikler
* Kalp
* Beyin
* Pankreas
* Testisler
* Tiroit
* Overler
* Cilt
* Eklemler
* Karaciğer

Süt grubundan inek sütü proteinlerinin de antijenik özellik göstermesi ikinci sırada yer alır.

İnek sütü proteinlerine karşı gösterilen immün reaksiyonun zaman içinde otoimmün hastalıklarla ilişkilendirilmesinde listede şunlar vardır:

* Otizm
* Çölyak
* Tip 1 diyabet
* Kron hastalığı
* Behçet hastalığı
* MS
* Romatoid artrit
* SLE
* Üveit

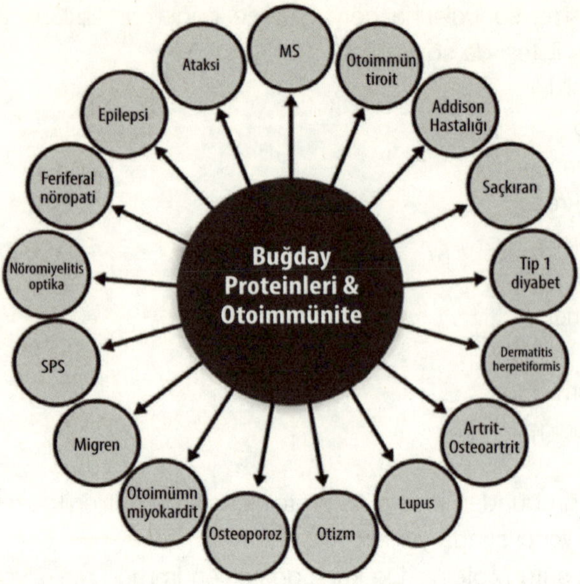

Süt grubu: Süt grubu da gluten grubu da otoimmünitenin yanında alerjik reaksiyonlara sebep olabilirler. Bu alerjilerin yüzde 10'u klasik IgE aracılı akut alerji tipidir. Geri kalan alerjik şikâyetler non-IgE aracılı dediğimiz, klasik alerji değil hipersensitivite türü reaksiyonlardır. Klasik alerjiden farklı oldukları için ortaya çıkmaları zaman alır. Belirtileri de farklı olabilir. Süt proteinlerini tüketmek, özellikle inek sütü, süte karşı alerjik değilmişiz gibi gözükse de polen, kedi tüyü gibi masum çevresel etkileri, antijenik daha doğrusu alerjenik algılatıp tepki vermemize sebep olabilirler.

Bu iki grup, inek sütü ve gluten içeren tahıllar grubu, çoğunlukla Th1 yolağını aktive edip otoimmünite yaparken, yatkın kişilerde Th2 yolağını da aktive edip alerjik reaksiyonların artmasına sebep olabilirler. Th2 yolağı aktive olduğunda mukus miktarımızın normalden fazla olması balgam, burun tıkanıklığı, ishal sebebi olabilir. Th2'nin mast hücrelerinden histamin salınımını artırması kaşıntı, kızarıklık gibi diğer belirtilerin sebebidir. Histamin içeren yiyeceklerden kaçınılmasından önce zemini hazırlayan bu iki grubu azaltmak gerekir.

Bu gruba üçüncü olarak eklenen, **mayalı yiyecekler**dir. Şarap, bira, pastane ürünleri gibi...

İşlenmiş etlerin içerdikleri **nitritler**in, nitrosaminlerin sağlıksız olduğunu önceki bölümlerde zaten yazmıştım. Et endüstrisinde kullanılan, "**meat glue**" (et tutkalı) denen, eti bir arada tutmaya yarayan madde de antijenik özellik gösterir. Glutensiz olarak üretilen bazı besinlerin içinde de besini toklaştırmak için kullanılır.

Temelde tüm **işlenmiş gıdalar**, işleme sonucu olarak protein yapılarını değiştirirlerse neoantijen olarak algılanabilirler. Evdeki **pişirme yöntemlerimiz** bile yiyecek proteinlerini neoantijen haline getirebilir. Bir şey neoantijen olmuş ise artık oral toleransın tolerans gösterdiği bildik antijen değildir. Tıpkı virüslerin mutasyonu gibi yeni bir antijenik yapıya, yeni bir epitopa sahip olmuş demektir.

Yiyeceklerin immün sistemi dürtmesinin bir başka sebebi de bu **epitopların yayılması** durumudur. Yiyecek proteininde antijen özelliği gösteren özel kısmın adı epitoptur. Yiyecek değil bu epitop vücuda yayılabilir. İmmünoglobulinler zaten antijeni epitopundan tanıdıkları için epitopun yayıldığı dokulara karşı antikor yapabilirler. Yiyecek proteinleri değil, sadece bu epitopun yayılması, mesela eklemlere yerleşmesi de, orada inflamasyona sebep olur.

Gıdalara eklenen kimyasallar, mesela gıda boyaları, koruyucular vs. listesi 3000 maddeye kadar uzar. Bu rakam, FDA'nın (Amerikan Gıda ve İlaç Dairesi) yiyeceklere katılmasına izin verdiği maddelerin sayısını gösterir. Tuz, emülsifiye ediciler, bisfenol A, glifosfat, pestisitler, plastik kaplar, aroma yapıcılar... Liste çok ama çok uzundur. Ve bu listedeki maddelerin tümü doğal bir besinin neoantijen algılanmasına sebep olabilir.

Burada en önemli iş antijenlerin içeri girmelerini engellemek için mukozayı korumaktır.

Mukozalar bizim sınır kalelerimizdir. Kaleleri, kale duvarlarını tamir etmek alerji ve otoimmünitenin yolunu kapatır. Bu şekilde immün sistemin hem doğal hem edinsel kısmı üzerinden de büyük bir yük kaldırmış oluruz. O da gerektiğinde vücuda girebilen virüs, bakteri gibi patojenlere karşı bizi daha iyi savunur. Üzerinde gereksiz iş yükü olmadığı için, tümör hücrelerini, eskimiş hasta hücreler gibi içeride yok edilmesi gereken hücreleri daha iyi temizler. Ne kadar sağlıklı yesek de her gün kilolarca yemek yiyoruz, bedenimizin içine dışarıdan kilolarca gıda sokmuş oluyoruz ve bu bütün ömrümüz boyunca böyle devam ediyor. Bu masum besinlerin sorun çıkarmaması için de yine mukozaya destek olmalıyız.

"Tüm hastalıklar bağırsakta başlar" demiş Hipokrat. Biz de bugünkü tıbbi bilgilerimizle bu cümleyi şöyle güncelleyebiliriz: "Tüm hastalıklar bağırsak ve mukozası hasta ise başlar."

Şimdi gelin sağlam bir bağırsak için gerekenleri konuşalım...

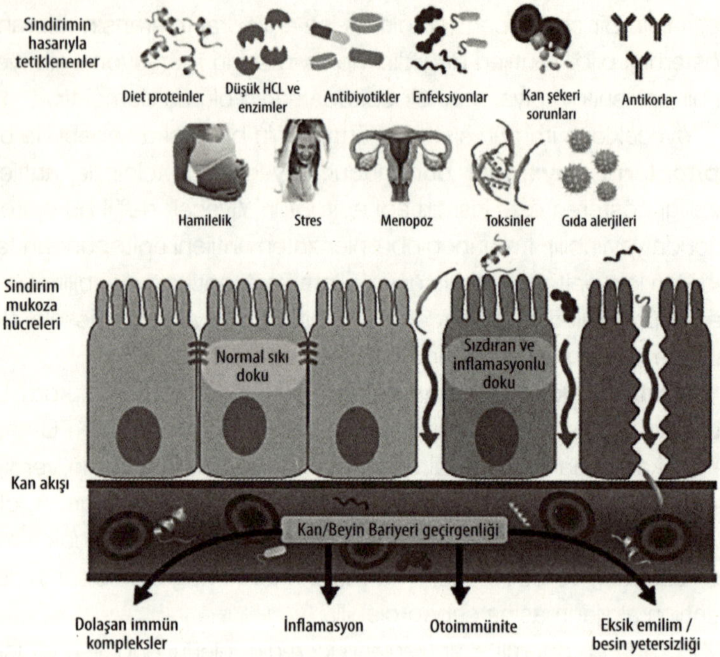

Buraya not alabilirsiniz

Sağlam bir bağırsak mukozası için neler yapabiliriz

Sağlıklı mukozanın özellikleri:

* Ağızdan başlayarak sindirimin tamamı yeterli olmalı.
* Koruyucu immünoglobulin IgA yeterli olmalı.
* Mukus tabakası yeterli olmalı, bakterilerle arasında bir duvar gibi filtre yapmalı.
* Bağırsak hareketleri yeterli olmalı ki zararlılar dışarıya atılabilsin. Kabızlık içeri sızmayı artırır.
* Bağırsak hücreleri birbirine yapışık olmalı, araları açılırsa gıda proteinleri içeri girer. TJ'lerin sıkılığı azalmışsa, geçirgenliği artmıştır, bu da otoimmüniteyi artırır.
* Bağırsaktan kana geçen LPS artışı Alzheimer'la, Parkinson'la, depresyonla, kalp hastalıklarıyla ve çoğu otoimmün hastalıkla alakalıdır. LPS'ler yabancı algılanır.
* Bağırsaktan içeri istenmeyen ne sızarsa dendritik hücreler bunları antijen olarak T'lere sunar. Normalde Treglere sunarken çok fazla antijenik madde içeri sızarsa Th1'lere de sunabilir. Th1 lenfositler onlara karşı harekete başlar, sitokin salar. B'ler bunlara karşı antikor yapar. O antikorlar immün kompleksler olur. İmmün kompleksler hem lokal hem dolaşan immün kompleksler olarak otoimmün hastalıklara sebep olabilir.
* Bağırsakta sitotoksik T'ler az olmalı, Th1'ler az olmalı.
* T regülatörler yeterince yüksek olmalı. Böylece içeri giren olursa onlara tolerans yüksek olabilsin.

Toparlarsak, gıdalar konusunda başımıza gelen şey oral toleransın kaybıdır. Onların yarattığı lokal hasarla açılan bağırsak mukozasından içeriye sindirilmemiş gıda proteinlerinin, özellikle yüksek antijenik özelliği olan buğday ve inek sütü proteinlerinin, LPS'lerin ve istenmeyen kimyasalların, toksinlerin, metallerin sızmasıdır. LPS'ler zaten kendileri çok yüksek oranda antijeniktir. Mesela laboratuvarda inflamasyon üzerine deney yapmak isteyen bilim insanları, deney hayvanlarına LPS enjekte ederek anında inflamasyon yaratarak bu sonuç üzerinde çalışmalar gerçekleştirirler. Yani yanlış yiyecekler yemesek bile içerideki bakteri artıklarının içeri sızmaması için bağırsak sağlam olmalıdır.

Peki doğru yiyecekler nelerdir?

Bu QR kodu okutarak bölüm hakkındaki videoya erişebilirsiniz.

Mukozal immüniteyi koruyan besinler ve besin destekleri

Mukozalar tüm antijenlerin giriş yeri olduğu için mukozaları desteklemek hem otoimmüniteyi hem alerjik hastalıkları önlemek hem de yiyeceklere intolerans geliştirmemek açısından çok önemlidir. Anne karnındayken annenin immünitesi bizi korur. Annenin immün sistemi stresten, kimyasallardan, ilaçlardan, enfeksiyonlardan vs. etkilenirse bu koruyuculuk azalır.

İmmün toleransı anne karnında anneden bize geçen T regülatörleriyle sağlarız. Bunlar plasentadan bebek karaciğerine geçer. Hayat boyu onlarla idare ederiz. Biliyoruz ki T regülatörler immün sistemin trafik polisleridir. Th1-Th2-Th17'ler arası dengeyi sağlarlar. Dost bakterilerimize ve yiyeceklere tolerans göstermemizi sağlarlar.

T regülatörleri desteklemek immün sistemdeki denge için önemlidir. Bazı vitaminler, sağlıklı yiyecekler T regülatörleri artırır. Mesela *brokoli, karnabahar ve brüksellahanasındaki İ3C* maddesi mukozal immüniteye yardım eder.

Triptofan: muzda, hindide, çikolatada vardır, T regülatörleri artırır.

Üzüm ve mor bitkilerdeki resveratrol, elma ve soğandaki kuarsetin de benzer çalışır.

Probiyotikler de T regülatörleri artırır.

Dost bakterilerin mevcudiyeti immün tolerans için önemlidir. Çünkü dost bakterilerle hayat boyu geliştirdiğimiz bir immün dengemiz vardır. Dost bakteri mevcudiyeti immün dengeyi hep ayakta tutar. Mukozal immün sistemi düşük düzeyde dürterler. Onların sürekli ve minik dürtmeleri T regülatörlerin de hep aktif kalmasını sağlar, toleranslı çalışmasını mümkün kılar. Eğer bakteri sayımız azsa T regülatörleri dürtüp çoğalmasını sağlayacak bir stimülasyon da olmamış olur. Yani immün tolerans için bakterilerin varlığı önemlidir. Bakteriler oral toleransta T regülatörlere egzersiz yaptırırlar.

Doğal immünitenin parçası olan **makrofajlar ve DC'ler** birer radar gibidirler. Patojenleri tanımlayan parçalar olan PAMPS ve kötü hücrelerimize ait parçalar olan DAMPS'ları iyi tanımalıdırlar. Bağırsak sisteminde bu tanımayı öyle iyi yapmalıdırlar ki, içeri giren yiyecekler ve patojenlere doğru cevap verilsin. Bu yüzden ilk hat savunmasında çok önemlidirler. En tipik PAMPS olan LPS'ler (gram negatif bakterilerin dış duvarlarındaki polisakkaritler) en sık tepki verdikleridir. LPS'leri erken yaşta tanımayı öğrenmeleri inflamatuar stokin mi yoksa antiinflamatuar sitokin mi salgılayacaklarını belirler. Erken yaştaki immünite gücü bebeğin ilerideki sağlığını belirler. Mesela iki yaşın altındaki çocukların çok fazla PAMPS antijenleriyle karşılaşmamaları, ileri yaşta anti-viral olan interferonu doğal immün sistem üstünden üretme yeteneğini azaltır. Bu çocuklarda Th2-Th1 ve Th17 dengesi değişir. Th17'nin azalması erken yaşlardaki kandida enfeksiyonuyla ilgilidir.

Bozulmuş toleransı artırmak için, bağırsak florasındaki doğal immün sistemin PAMPS'ları, temelde de LPS'leri iyi tanıması gerekir. Buna *pattern* tanıma denir. Mukozalardaki makrofaj ve dendritik hücrelerin LPS'leri doğru tanıyıp APC olarak onları T lenfositlerine sunması gerekir. Bağırsak florası iyi olduğunda APC sunumu Th1 lenfositlerinden çok T regülatörlere yapılır. Böylece tepki yerine tolerans gelişir. Yani doğru flora ile ufak ufak PAMPS'larla karşılaşmak ve bunları T regülatörlere sunmak immün denge için önemlidir. Florası yetersiz olan çocuklar (sezaryenle doğum, erken antibiyotik kullanımı, tek çocuk olunması, fazla steril ortam, beslenmede lif eksikliği, tek tip beslenme vs.) ileri yaşlarda yiyeceklere karşı toleransı azaltır, yiyecek duyarlılıkları gelişebilir.

Bağırsakta T regülatörler dışındaki **T lenfositlerinin dengesi** de çok önemlidir.

Th1'lerin, antiviral İNF (interferon) saldığını, virüsleri ve hücre içi bakterileri öldürmek için makrofajları, sitotoksik T'leri aktive ettiklerini, Th2'lerin, parazitlerle savaştıklarını, virüs ve bakterilere karşı antikor gelişimini stimüle ettiklerini, Th17'lerin mantarlara karşı koruduğunu biliyoruz.

Tüm bunların arasındaki dengenin masum bir yiyecek ve dost bakteriler ile gerçek bir antijen ve patojen arası farkı anlamayı sağladığını biliyoruz.

Bu sistemin özellikle bağırsak mukozası altında konuşlanması, dönüp dolaşıp yine mukozaları korumak zorunluluğuna varıyor. Mukoza duvarının sağlamlığı, içerideki her şeye immün reaksiyon mu gösterilecek tolerans mı gösterilecek, bunu etkiliyor.

Yediklerimizin immün sistem dengemizi etkilediğini biliyoruz. Bağırsak hastalıklarından diyabete, romatoid artritten MS'e, astıma kadar... Ayrıca iyi yağları, fitobesinleri, vitaminleri içeren sağlıklı bir beslenmenin de bağışıklığı artırdığını biliyoruz. Bu besinlerin bağışıklığı artırmalarındaki ana hedeflerden biri de bağırsak mukozasını koruyarak bunu sağlamaktır.

Bağırsaktaki bağışıklık ekibiyle bir besinle inflamasyon mu başlayacak yoksa o besine tolerans mı olacak, karar verilir. Bu ekibe yardım eden besin ve vitaminler de vardır. Şimdi onları öğrenelim...

A vitamini

Yiyeceklerin sindirimi ve emilimi ince bağırsakta olur. O yüzden immüniteyi düzenleyen besinlerin etkisini de burada görmek normaldir.

A vitamini, retinol veya retinoik asit bunlardan biridir.

A vitamininin kaynağı diyetteki bitki karotenleri veya hayvansal gıdalardan gelen retinoldür. İnce bağırsakta bol bulunur.

Retinoik asit, bağırsak mukozasında oral toleransı sağlayan T regülatörlerini artırdığı gibi diğer mukozalarda da artırır.

A vitamini, dendritik hücrelerin antijen sunan hücreler olup antijen sunmalarını da engeller. Antijen yoksa kavga da yoktur.

A vitamini mantarlarla savaşan T17'leri de artırır.

İnce bağırsakta A vitaminini aktif hale getiren bir enzimimiz vardır. İnce bağırsak mukozasının sağlamlığı için A vitaminini aktif hale getirmek önemlidir.

A vitamininin trans-retinoik asit versiyonu mukozal immünitede en etkilidir. Yiyeceklerden gelen A vitamini ve beta karotenlerin bu dönüşümü ince bağırsak epitelindeki enzimle yapılır. Sağlam bir ince bağırsak epiteli immün tolerans ve denge için önemlidir. İnce bağırsağı hasarlayan sindirim sorunları bu dönüşümü azaltır. Mide asidi eksikliği, pankreas enzim eksikliği, bikarbonat sıvısı eksikliği, safra asidi eksikliği, antiasitlerin uzun süre kullanımı, helikobakter enfeksiyonu, reflü, gastrit, SİBO gibi.

A vitamini, bağırsak koruyucu IgA'yı artırır.

Hayvansal gıdalardan ve karotenoid içeren bitkilerden sağladığımız A vitamini, viral enfeksiyonlardan korunmada da önemlidir.

B vitaminleri

B vitaminleri sekiz farklı vitamin ailesidir. Bunlardan folik asit mukozal immünitede önemlidir. Folik asit düşükse doğal katil hücreler (NK'lar) ve sitotoksik T'ler daha aktif olurlar ve lokal hasar yapabilirler.

Folik asit yetersizse, oral toleransta da önemli olan T regülatörler daha kısa ömürlü olurlar. T regülatörlerin ömürlerinin uzun olması için folata ihtiyaçları vardır. Üstlerinde folik asit reseptörleri vardır. Folik asit, naif T'lerden diğer T'ler yerine T regülatörlerin yapılmasını sağlar. Folik asit eksikliği bağırsaktaki T regülatör sayısını azaltır.

B6 vitamini, hücre büyümesi için önemlidir. B6 vitamini eksikliği immün sistemi zayıflatabilir. Mukozal immünite için de yeterli oranda olması gereklidir.

C vitamini

Pek çok çalışma C vitamininin hem NK'ların öldürücülüğünü artırdığını hem de T ve B lenfositleri için önemli olduğunu gösterir. C vitamini lökositlerde yüksektir. Ancak enfeksiyonlar sırasında hızla tükenir. Özellikle nötrofillerin patojen öldürürken kullandıkları silahları olan reaktif oksijen serbest radikalleri (ROS), C vitamininin tükenmesine sebep olur. C vitamininin azalmasıyla kendi yarattığı ROS'tan patojen kadar kendisi de etkilenen lökositlerin apoptoz ile ölmesi gerçekleşir. Apoptozla azalan lökosit sayısı immüniteyi düşürür.

Çalışmalar, C vitamini desteğinin, lökosit ve T hücrelerinin apoptozla kaybını azalttığını, NK'ların öldürücülüğünü artırdığını gösterir.

C vitamininin DC'lerin fonksiyonlarını koruduğunu gösteren çalışmalar da vardır.

DC'ler APC olarak doğal ve immün sistem arası köprü oldukları için onları manipüle ederek immün sistem cevabını modifiye etmek üzerine yapılan çalışmalar vardır. Bu çalışmalarda DC'ler C vitamini ile önceden manipüle edilerek, sadece NK aktivitesini artırmak değil, otoantijenlere karşı da toleransı sağlamak için, otoimmün hastalıkları tedavide denenmektedir. Laboratuvar düzeyinde yapılan bir çalışmada çölyak hastalığı yapan hücrelere hem C vitamini eklenerek hem eklenmeyerek, gliadin proteinine tepkilerine bakılmıştır. C vitamini eklenen çölyak hücrelerinin, gliadin proteinine karşı daha az inflamatuar sitokin ürettikleri görülmüştür. Bu çalışma, bağırsak biyopsisi ile parça alınarak yapılmış, C vitamini sayesinde bağırsak mukozasının glutene karşı gösterdiği tepkinin azaldığı sonucuna varılmıştır.

Mukozalar açısından bakarsak; günlük 500 mg dozluk C vitamini immünitenin oral toleransını artırır, glutene karşı tepkiyi azaltır, vücudun kendi kendine otoantijen olarak saldırmasının önünü keser.

C vitamininin enfeksiyonlardaki koruyucu rolünü ise ileride, C vitamini içeren gıdaların bağışıklıktaki öneminden bahsederken daha detaylı anlatacağım.

D vitamini

D vitamini mukozal immünitede çok önemlidir. D vitamini şunları sağlar:

* Mukozaların üzerinde zaten antimikrobiyal peptitler denen mikrop öldürücü maddeler vardır. Katelisidinler, defensinler gibi isimlerle anılırlar. Bunlar doğal bağışıklığın bir parçasıdır. D vitamini antimikrobiyal peptitleri artırır. Ağız içerisinde, dişeti epitelinde antimikrobiyal peptitler üretilir. Orası da mukoza olduğu için tüm mukozalar antimikrobiyal peptitleri üretebilirler. D vitamini antimikrobiyal peptitleri artırdığı için, ağız sağlığı ve diş çürüklerinde de D vitamini kullanımıyla ilgili araştırmalar vardır. Sadece antimikrobiyal peptitleri değil immünitenin doğal kısmını da artırır. Ağız içi bakterilere karşı kullanılması da düşünülmektedir.

* D vitamini otoimmüniteyi azaltır. Bunu da şu şekilde yapar: D vitamini mukozadan içeriye giren, antijenik sayılabilecek bir maddenin dendritik hücreler ve makrofajlarla tutulmasına yardım eder. Ama DC'lerin APC haline geçip antijenin lenfositik sisteme iletilmesini azaltır. Normalde DC'ler ve makrofajlar, antijeni fagosite ederek antijen sunan hücreler halinde, bağırsak mukozası altındaki, GALT adıyla belirtilen, bağırsağa ait lenfositik sisteme sunarlar. Bu yiyecek proteinleri de olabilir, dost bakteriler de olabilir, mukozadan sızan herhangi bir antijen de. Antijenik görülen maddeler tehlikeli algılandıkları için Th1 reaksiyonlarını başlatırlar. Bu reaksiyon sonucu sitotoksik T'ler de devreye girer ve makrofajlar aktif olur. D vitamini burada DC'lerin ve makrofajların APC'ye yani antijen sunan hücrelere dönmesini azaltır. Bu tip DC'lere tolerojenik DC yani toleransı yüksek DC denir. D vitamini DC'leri tam olgunlaşmamış halde tutar. Böylece antijeni içlerine alabilirler ama antijen sunan hücreler haline gelemezler. Böylece T lenfositlerini ve bağışıklığın diğer kısmını dürtmemiş olurlar. Bu da T lenfositleri ile sonradan olabilecek otoreaktif yani kendi kendine saldıran otoimmün hastalık yapan T lenfositlerin sayısını azaltmış olur. D vitamini aynı anda T regülatörlerini de artırır. İnflamatuar sitokinleri azaltır. Antiinflamatuar sitokinleri artırır.
* Temelde D vitamini tüm mukozalarda (akciğer, ağız, bağırsak) bağışıklığın doğal kısmını artırır. Edinsel bağışıklık kısmının çalışmasını ise sınırlar. Antikor oluşumu için IgM'ye izin verir yani antijene karşı nötralizan bir antikor oluşturup hastalığı durdurur. Fakat IgG oluşmasını azaltır. Yani o antijene karşı savaşın hafızaya alınmasını da azaltır.

Bunun faydası şudur: IgG'lerin fazlasının immün kompleks olarak kanda uzun süre dolaşırlarsa otoimmüniteye sebep olabileceğini biliyoruz. Böylelikle bu ihtimal azalır. Yani immün hafıza hücreleri olan IgG'leri az tutmak, hastalık sonrası immün kompleks sayısını azaltarak otoimmüniteye engel olur.

Çoğu şiddetli enfeksiyonlar, özellikle virüs enfeksiyonları sonrası otoimmüniteye yatkınlık artar. D vitamini bunu sınırlar.

D vitamini aynı zamanda T lenfositlerinin orta yol bulucusu olan

T regülatörleri de artırır. Bu da hem yiyeceklere karşı oral toleransımızı hem de self toleransımızı artırır. Artan Treg'ler, Th1 üstünden olan sitokinleri azaltır. Böylece mukoza bu sitokinlerle inflamasyon ve hastalık yaşamış olmaz. Mukozaların sızdırıcılığı da azalır.

D vitamini mukozada immün dengeyi sağlar.

Bağırsak epiteli hücrelerinin üzerinde D vitamini reseptörü vardır. Bu reseptörün azalması, bağırsak sızdırması, kolit gibi rahatsızlıkları, bağırsak inflamasyonunu artırır. D vitamini miktarı arttıkça bu reseptör sayısı da artar. D vitamini arttıkça mukozal inflamasyon azalır.

Probiyotikler

Probiyotiklerin yani bizim dost bakterilerimizin mukozal bağışıklıkta hem direkt hem de endirekt etkileri vardır.

Direkt etki ile zararlı bakterilerin bağırsak mukozasına yapışmasını engellerler.

Yine dost bakteriler yiyecekleri kapıp kötülere besin bırakmamaya çalışırlar.

Dost bakteriler demiri kendileri alırlar ve diğer kötü bakterilerin demiri kullanıp çoğalmalarını engellerler.

İyi bakterilerin kendi öldürücü bakteriosin denen maddeleri de vardır. Bunlarla kötü bakterileri öldürebilirler.

Endirekt etki olarak ise probiyotikler toleranslı DC'leri artırırlar. Toleranslı dendritik hücre, içinde antijen olsa bile antijen sunan hücre haline dönmeyen ve dolayısıyla da immün sistemin edinsel kısmını dürtmeyendir.

A vitamininden retinoik asit yapan enzimi artırırlar. Bağırsakta yiyeceklerden gelen A vitamininin buradaki enzimle retinoik asit olması mukozal immünitede çok değerlidir. Retinoik asit varlığı Treg'lerin sayısını artırır, oral toleransı artırır, dolayısıyla alerji ve otoimmüniteyi azaltır.

Dost bakteriler, yiyecekleri, besinleri sindirmemize yardım ederler. Gıdaların daha küçük parçalara ayrılmasını sağlayarak yiyeceklerin antijenik özelliğini azaltırlar.

Bütirat

Probiyotikler bizim yediğimiz bitki liflerinden kısa zincirli yağ asitleri üretirler. SCFA olan yağ asitlerinden bitürat en önemlisidir.

Mukozal bariyerleri korumak, o hücreleri sürekli yenilemek için yüksek enerji gerekir. Okuyunca şaşıracaksınız belki ama vücutta enerjinin yüzde 40'ını çalan yer burasıdır. Bütirat mukoza tamiri için kolay ve yüksek enerji sağlar. SCFA kısa zincirli yağ asidi demektir. Kısa olması hücrelerin onu hızla enerjiye dönüştürebilmesini sağlar. Elde edilen enerjiyle epitel hücreleri kendini yeniler. Aralarındaki boşluklar kapanır. TJ'ler sıkılaşır. Bağırsak sızdırması azalır. Oral tolerans artar. Ve içeriye artık ne yiyecek proteinleri ne de bakteri artığı LPS endotoksinleri girebilir.

Bütirat, T regülatörleri artırarak da oral toleransı güçlendirir. Edinsel immünitenin Th1 ve Th2 kolunu dengeler.

Çalışmalar, bütirat miktarı ile kolon kanseri olma olasılığının ters orantılı olduğunu gösterir. Yani bol lifli besin tüketenlerde bütirat artacağı için kanserleşme azalır.

Bütiratın kanserli hücrenin çoğalmasını engelleyen p53 genini aktive ettiği de gösterilmiştir. Bu, bir hücre tümörleşmiş ise onu apoptoza yönlendiren gendir. Tümörlü hücre apoptoz ile intihar ederse çoğalamaz.

Bütirat tümör hücrelerinin beslemesini zorlaştırır. Tümör hücrelerinin tercih ettiği glikoz iken bütirat yağdır. Normal hücreler ise rahatlıkla bütiratı kullanırlar.

Bütirat mukus üretimini artırır.

Bütirat, kolondaki glutatyonu ve antioksidan sistemini artırır. Oksidatif stresi azaltır.

Bütirat ishali de kabızlığı da azaltır.

Bütirat kaynağı tüm lifli besinler, tereyağı ve sade yağdır.

Lifli besinlerden bütirat oluşturabilmek için ise bağırsaktaki dost bakterilerimizin yeterli olması gerekir. Onlar bağışıklık savaşlarında en iyi arkadaşlarımız, "best friend"lerimizdir. Çeşitlilik açısından bol tüketilmelidirler. Alerjide, otoimmünitede, enfeksiyonlarda, gıda duyarlılıklarında koruyucudurlar.

D mannoz:

Mannoz kızılcıkgillerde olan bir maddedir. Bakterilerin mukozaya yapışmasını engellediği için tekrarlayan idrar yolu enfeksiyonlarında mesaneyi korumak için kullanılır.

Çinko:

Çinkonun mukozal immünitede rolü büyüktür. Çinko doğal ve edinsel immünite için de önemlidir.

Kuersetin:

Mukozaların korunmasında, özellikle mukozal sızdırmaya bağlı alerjik hastalıkların azaltılmasında kuersetin önemlidir. Kırmızı elma kabuğu, kımızı soğan yüksek kuersetin içerir.

Mantarlar:

İçlerindeki beta glukan immün sistemi eğitir.

Kolostrum:

Mukozal bağışıklık denince kolostrum akla gelmelidir. Kolostrum annenin ilk sütünün yağıdır. Amacı zaten bebeğin immün sistemini yükseltmektir. İçindeki IgA immünoglobulini bebeğin ağızdan başlayarak tüm mide-bağırsak mukozasını koruyacak olandır. Anne sütünden gelen IgA hemen buraları kaplar ve korumaya başlar.

Kolostrum preparatlarını mukozal immüniteyi ve genel bağışıklığı güçlendirmek için kullanmak istediğimizde standardize IgA ve IgG içerip içermediklerine bakmamız gerekir.

Kolostrum alındıktan sadece saatler sonra gibi kısa bir sürede immüniteyi güçlendirir. Üst solunum yolu hastalıklarının şiddetini azaltır.

Mukoza koruması bakımından ishali azaltır, sızdıran bağırsağı azaltır.

Sporcular çok kullanır. Ağır spor yaptıktan sonra immün sistemlerinin düşmemesi ve hastalanmamaları için kolostrum desteği alırlar.

Kolostrum akciğer mukozasını da bağırsak mukozasını da korur.

Kolostrumun tarihçesine baktığımızda, Hindistan'da binlerce yıldır çeşitli hastalıklar için sığır kolostrumu kullanılmaktadır. 18. yüzyılın sonlarına doğru, Batı tıbbı da kolostrumla ilgilenmeye ve potansiyel sağlık yararları için incelemeye başlamıştır.

Sonuç olarak, bağışıklık sistemini geliştirmek de dahil olmak üzere birçok durum için hekimler tarafından reçete edilmiştir. Penisilinlerin kullanılmasından önce de antibiyotik amaçlı olarak hekimler tarafından kullanılmışlardır. Dokuların onarımında ve bağışıklığı artırmada kolostrumun güvenli ve etkili olduğu bildirilmiştir.

Yeni doğana pasif bağışıklık sağlayan antikorlar bakımından zengin olan kolostruma "ağız sütü" de denir. Kolostrum, doğumdan sonra meme bezinin ürettiği ilk salgıdır, olgun sütten farklıdır çünkü süte göre daha yüksek konsantrasyonda proteinler, immünoglobulinler, vitaminler, mineraller, bakterisitler (laktoferrin, lizozim ve laktoperoksidaz) ve büyüme faktörleri içerir.

Kolostrum üretimi laktasyona başlandıktan sonra 2-4 gün sürer. Kolostrum anne sütünün çok önemli bir bileşenidir ve her memelinin bağışıklık sisteminde rol oynar.

Kolostrum immünoglobulinleri, büyüme faktörlerini, antikorları, vitaminleri, mineralleri, enzimleri, aminoasitleri, değişik mikroorganizmaların saldırısına ve çevresel toksinlere karşı vücudu hazırlayan özel maddeleri içermektedir.

Kolostrumda yer alan IgG, IgM ve IgA değerlerinin normal sütten yüz kat daha fazla olduğu rapor edilmektedir.

Kolostrumun içindeki immün faktörler, immünoglobulinler, prolinden zengin polipeptitler, laktoferrin ve sitokinler, glikoproteinler, oligopolisakkaritler ve glikokonjugatlar olarak sıralanabilmektedir.

İnek kolostrumu antibiyotiklere karşı dayanıklı birçok mikroorganizmaya karşı etkili olan IgG'yi yüzde 38 oranında içermektedir. IgG anneden bebeğe geçebilen tek immünoglobulindir.

Sığır kolostrumu

Sığır kolostrumu insanlar tarafından yüzyıllardır tüketilmekte olup insanda gıda takviyesi olarak faydalarını değerlendirmek amacıyla çeşitli çalışmalar yapılmıştır. Sonuçlar, kolostrumun bağışıklığın yanı sıra gastrointestinal sağlığa, solunuma, kronik inflamasyona ve kemik sağlığına faydalı olduğuna işaret etmektedir.

Kolostrumun sütten farkı

Kolostrum süte göre daha fazla kuru madde, protein içerir ve en önemlisi daha yüksek konsantrasyona sahiptir. İnek sütünde kuru madde oranı yüzde12, kolostrumda kuru madde oranı yüzde 22-28'dir. Kolostrumun laktoz oranı sütten düşüktür. A, D, E, B12 vitamininden ve minerallerden daha zengindir, Ig emilimini kolaylaştıran protein parçacıkları içerir.

Çalışma sonuçları

Son 20 yılda hem kolostrum hem de kolostrumun sayısız bileşenini güçlü biçimde destekleyen iki binin üzerinde bilimsel yayın yapılmıştır.

Kolostrum takviyesi üzerine yapılan 2007 yılına ait bir klinik çalışmada; gribin önlenmesinde iki aylık oral kolostrum tedavisi grip aşısı ile karşılaştırılmıştır. Çalışma sonucunda kolostrum hem sağlıklı kişilerde hem de yüksek riskli kardiyovasküler hastalarda, aşılamadan en az üç kat daha etkili bulunmuştur.

Sığır kolostrumunun çocukluk çağı enfeksiyöz diyare semptomlarını ve sıklığını azaltmada önemli bir yarar sağladığı gözlemlenmiştir.

Non steroid antiinflamatuar ilaç kaynaklı bağırsak hasarı, Helikobakter pilori enfeksiyonu, immün yetmezlikle bağlantılı ishal ve enfeksiyöz diyare tedavisinde yararlı olabileceğine ilişkin çalışmalar mevcuttur.

Sığır kolostrum takviyesinin yetişkinlerde gastrointestinal sorunların görülme sıklığını azalttığı sonucuna varılmıştır.

Kolostrumun AIDS, kanser, kalp hastalıkları, diyabet, otoimmün hastalıklar, alerjiler ve herpeste; bakteriyel, viral ve paraziter enfeksiyonlarla mücadelede önemli rol oynadığı gözlenmiştir.

İyi çalışan immün sistem için yiyeceklerimizi nasıl seçelim?

Yiyeceklerimizi seçerken en genel ve kapsayıcı kural olarak şunu söyleyebiliriz: Doğadaki hallerine ne kadar yakın o kadar iyi! Ve en doğal hallerinde ne kadar sık tüketirsek bu immün sistem için o kadar iyidir. Aynı şeyi tersinden de şöyle söyleyebiliriz. Ne kadar işlenmiş o kadar kötü! Çünkü işlenmiş yiyecekler içlerindeki katkılarla, ambalajlarındaki kimyasallarla, renklendiricilerle ve yüksek ısıda hazırlanmaları sonucu immün sistem için antijenik parçalar içerebilirler.

Bir yiyeceğin orijinal, doğal halinden farklı hale gelmiş olması ona gösterdiğimiz oral toleransı bozar. İşlenmiş yiyecekteki proteinler doğal halden antijenik hale geçtikleri için onlara neoantijen diyorduk. Tüm neoantijenler immün sistemi zorlar. Yiyeceği evde yüksek ısıda pişirmek bile ondan neoantijen yapılmasına sebep olabilir.

Yüksek ısıda pişirme ile yiyeceklerdeki protein yapıları bozulur. Aynı zamanda içlerindeki protein ve şeker birleşip, proteinlerinin kötü hale geldiğini ifade eden *AGE'ler* oluşur. AGE'ler vücut için neoantijeniktir. Bu yiyeceklerin yenmesi bağırsakta ve tüm vücutta inflamasyonu artıracaktır. Zaten işlenmiş gıdalar hazırlanırken yapılan işlemler onları AGE'li hale sokar. Hazır pastalar, kekler, cipsler, kurabiyeler, şekerlemeler AGE deposudur.

İşlenmiş etlerde ise AGE'lerin dışında *nitritler koruyucu* olarak kullanılır ve nitritler de immün sistem için kötüdür.

Gıda duyarlılığı yapan yiyecekler olarak bildiğimiz, işlenmiş yiyecekler grubunda *buğday ve inek sütü ürünlerini* de hatırlatmak gerekir. Bu gıdaların inflamasyonla giden tüm hastalıklarda, alerjide ve otoimmün hastalıklarda kesilmesi istenir. Bunun sebebi bunların antijenik olmaları ve IgG'ler üzerinden vücut dokularıyla çapraz reaksiyona sebep olabilmeleridir. Aslında bu besinlerin kendileri değil içlerindeki sindirilemeyen *gluten ve kazein proteinleri* sorun yaratır. Bu proteinleri sindirmek zordur ve sindirim sistemi yeterince güçlü çalışmayan kişilerde, bu besinlerin çok sık tüketilmesi, bunlara karşı oral toleransın bozulmasına sebep olur. Sindirim yetersizliklerinde gluten ve kazein'in sindirilmesi zorlaşır. Enzim yetersizliği, safra asidi yetersizliği, çiğneme azlığı veya mide asidi yetersizliği de buna sebep olabilir. Bir besinin içindeki proteinin sindirilip en küçük hale gelmesi gerekir ki oral toleranstan geçsin ve vücut için antijenik olmasın. Ama bağırsak sağlığı bozulan kişide, sızdıran bağırsak da varsa tam sindirilmemiş bu proteinler içeri girer ve immün sistemle bunlar arasında bir savaş başlar.

Ayrıca gluten ve kazein proteinlerinin yapıları vücuttaki bazı proteinlere çok benzer. Moleküler benzerlik en çok bu iki proteinde olur. Gluten ve kazein'e karşı oluşan IgG antikorları, vücutta buna benzeyen protein yapılarına bağlanır, çapraz reaksiyonla orada otoimmün hastalık meydana getirir. Fazla oluşan IgG'ler ile yapılan immün kompleksler de yine bildiğimiz üzere hastalık sebebi olabilir.

Sindirim enzimleri içeren besinler:

Artık bildiğiniz üzere yiyecekleri yeterince sindirememek onları antijenik yapar. Alerji, otoimmünite, bağırsak hastalıkları söz konusu olduğunda pankreas ve mide enzim yetersizlikleri sorgulanabilir. Papaya, ananas bu enzimleri içerir. Gıda destekleri olarak sindirim enzimleri de kullanılabilir. Mide asidi yetersizliği de sindirimi zorlaştırır. Bunun için yemeklere elma sirkesi veya limon sıkmak doğal yoldan mide sindirimini destekler.

Karabiberi, zerdeçalı yemeklere eklemek safra asitlerinin salınımını kolaylaştırır, yağ sindirimimiz de kolaylaşır.

Lifli besinler:

Tüm bitkisel besinlerin lif açısından bize destek olduğunu biliyoruz. Bunları tüketmek, bağırsak bakterilerinin SCFA üretmesini destekler. Örnek olarak elmadaki pektin iyi bir lif kaynağıdır.

Tereyağı ve hindistancevizi yağı:

Tereyağı ve sade yağ, SCFA açısından zengindir. SCFA demek kısa zincirli yağlar demektir. Bir yağın kısa veya orta zincirli olması, o yağın hücrede enerji için hızla kullanılabilmesini artırır. Tereyağı kısa, hindistancevizi yağı orta zincirlidir. Bağırsak mukoza hücrelerinin yenilenmesi için hızla enerji sağlarlar. Tereyağı veya hindistancevizi yağı hakkında, bu yağların trigliseritlerimizi yükselttiği tam olarak doğru değildir. Bu yağları tüketirken yanında unlu, şekerli yiyecek tüketmiyor, bu yağları tek başlarına kullanıyorsak hiç sorun çıkarmazlar. Çok miktarda tüketmek gerekmez. Sabah kahvemize ekleyerek günlük olarak kullanabiliriz. Tereyağındaki bütirat, bağırsak ve ağız başta olmak üzere tüm mukozaları korur.

Antioksidan besinler:

Tüm sebze ve meyveler, baharatlar, tohumlar ve kuruyemişler antioksidan içerir. Bunları çiğ ve taze olarak tükettiğimizde antioksidan değerleri daha yüksektir. Özellikle mor renkli olanların bağışıklıktaki yeri mühimdir. Çünkü yüksek antioksidan içerikleriyle, immün sisteme savaşta ve savaş sonrası temizlikte takviye güçtürler. Yeşil çay kuvvetli bir antioksidandır. Zencefil ve zerdeçal inflamasyonu azaltır.

Organo sülfürlü besinler:

Bunlar da bir tür antioksidasyon yaparlar. Organo sülfür besinlerin içinde olan sülfür maddesini anlatır. Sarımsak, soğan, brokoli ve karnabahar grubu sülfürlü besinlerdir. Sülfürlü besinler bakteri-virüs savaşında kaybettiğimiz tiol havuzumuzu doldurmak için önemlidir. Tiol havuzunun ana maddesi olan glutatyonu artırırlar. Aynı şekilde brokoli, karnabahar, brüksellahanası grubu bağırsakta oluşturdukları I3C ile bağırsak mukozasını korurlar. Ayrıca lifli oldukları için bakteriler bunlarda kısa zincirle yağ asidi yapar. Mukoza sağlığı için kısa zincirli yağ asitleri çok önemlidir. Kısa zincirli yağ asitleri aynı zamanda T regülatörleri de artırır.

Omega-3'ler:

Omega-3 içeren besinler ve destekler inflamasyonu engellemekte önemlidir. Sitokinlerle inflamasyonun olması için en çok sitokinin salındığı makrofajlardan M1 makrofajlarını hatırlayalım. M1 makrofajları sitokinlerini salabilmek ve inflamasyon yapabilmek için hücre duvarlarını fosfolipaz-A2 enzimiyle parçalarlar. Hücre duvarlarında araşidonik asitten inflamatuar sitokinler çıkarırlar, bu şekilde inflamasyonu başlatırlar. Ama hücre membranlarında Omega-3 miktarı yüksekse inflamatuar sitokinler yerine antiinflamatuar sitokinler ortaya çıkar. Yani inflamasyonu bastırmış oluruz.

Akut enfeksiyonda, bakteri veya virüsü öldürmek istediğimiz zaman inflamasyonu azaltmamak için Omega-3'ü başta almamak ama bu inflamasyonun kronik olmaması için daha sonra Omega-3 içeren besinleri artırmak gerekir. Otoimmün hastalıklar zaten inflamasyon ve sitokinlerin olmasıyla tanımlandığı için tüm otoimmün hastalıklarda Omega-3 içeren besinler önerilebilir.

C vitamini içeren besinler:

C vitamini diğer adıyla L-askorbik asit, çoğu hayvanın ürettiği, insanların ise üretemediği bir vitamindir. C vitamini suda eriyen bir vitamindir. Bunun anlamı, ihtiyaçtan fazla olan kısmının böbrek üzerinden idrarla dışarı atılacağıdır. Yani vücutta birikmez, deposu yoktur. Suda eriyor olması vücudun sıvı olan plazmasında ve dokularında bulunacağı anlamına da gelir.

C vitamininin bağışıklık ve antiviral savunmadaki önemine hiç oyalanmadan girmek isterim:

C vitamini elektron donörüdür. Bu, elektron verici anlamına gelir. Elektron eksiği olan durumlarda işe yarar. Bunlar serbest radikallerin fazla olduğu durumlardır.

Serbest radikal, tanım itibariyle, eşleşmemiş elektronu olan demektir. Peki eşleşmemiş elektron ne demektir? Şöyle bir benzetme yapayım: Elektronlar canciğer sevgililer gibidirler, teke düşmek istemezler. Teke düşerlerse (azalırlarsa) eksik elektronu bulmak için oldukça acımasız olabilirler. Bulundukları yerdeki her şeyden elektron çalabilmek, bir anlamda başkalarının sevgililerini ayartmak için saldırı başlatırlar. Bu saldırının zararı büyüktür. İşte zaten onlara ihtiyacımız da bu yüzden vardır. Onlar bizim silahlarımızdır. Virüslerin, bakterilerin vücuda girmesinden sonraki yok edilmesi aşamasında serbest radikaller öldürme silahı olarak kullanılırlar. Bunlara karşı savaşta, WBC diye yazılan beyaz kürelerin lökositleri, makrofajları savaşır.

Bu serbest radikaller çok çeşitlidir. Bir kısmı oksijen serbest radikalleri olarak bilinir, oksijen aracılı üretilir, ROS diye yazılır. Nötrofiller bunları kullanır. Bir kısmı nitrojen serbest radikalleri diye bilinir, nitrik oksit aracılı üretilir, NOS diye yazılır. Makrofajlar bunları kullanırlar.

Tüm bu hikâyede bilmemiz gereken en önemli nokta ise şudur: ister virüs olsun, iser bakteri isterse de kanser hücresi, hepsi bu serbest radikal aracılı defansımızla yok edilirler. Ancak burada kritik bir detay var: Saldırının niyeti düşmanı yok etmek iken, fazla saldırı kendi kendini de hedef alır. Fazla saldırı ifadesini biraz daha açalım; aslında fazla saldırı diye bir şey yoktur, eksik temizlik diye bir şey vardır.

Nedir bu eksik temizlik?

Tüm savaşlarda saldırı için kullanılan serbest radikallerin daha sonra yeniden nötralize edilmeleri gerekir. Bunlara tekrar eksik elektronları verilmelidir. Mesela bir serbest radikal olan H2O2 isimli hidrojen peroksit (Türkçesi oksijenli su), vücudun içinde bu şekilde kalamaz. Nötralize olmalıdır. Vücuttaki enzimler elektron taşıyarak onu su ve karbondioksitle parçalar. Böylece de "ortalık temizlenmiş" olur. İşte bu serbest radikal aracılı öldürme işlemlerinin arkasından yapılan iş, antioksidan temizliktir.

C vitamininin elektron donörü olduğunu yani antioksidan olduğunu biliyoruz. İşte kendisi tüm bu işlemlerde hem antioksidan enzimlerin kofaktörü (yardımcı molekül) hem de kendisi direkt redükleyici olarak yer alır.

C vitamini, glutatyon gibi adını başka zamanlarda da duyduğunuz antioksidanları korur. Yani elektronları bittiğinde onlara elektron verir.

C vitamininin bağışıklığı destekleyen pek çok yönü varken ben özellikle elektron verici olmasını anlatmak istedim. Çünkü buradan başka bir konu olan demire bağlayacağım.

Demir, RBC diye yazılan alyuvarlar olan eritrositlerin içinde boldur. Kan sayımı yaptırınca tepede RBC yazar, altında devam eder: hemoglobin, hematokrit, MCV vs. diye... Konumuz bu hemoglobinin HEM grubudur (hem+globulin=hemoglobin). HEM grubu demirin vücutta en çok olduğu yerdir.

Peki neden?

Çünkü HEM grubundaki demir oksijen taşır. Zaten demir eksikliği =anemi konularından da bunu kabaca biliriz.

"Fe" demirin kimyadaki adının kısaltması, simgesidir. Demir, Fe+2 veya Fe+3 şeklinde iki farklı biçimde olabilir. Demirin bu iki versiyonu hayati önem taşır. HEM grubunun demirle beraber oksijeni taşıyabilmesi için demirin Fe+2 değerlikli olması gerekir. Bu, Fe+2 değerlikli demir "redükte" demirdir. Redükte demir; Fe+2'dir yani üzerinde fazladan elektronu var demektir.

(Küçük bir açıklama: elektron (-) eksi ile gösterilir, (-) miktarı artmışsa (+) miktarı azalır. Yani demirin Fe +2 hali, demirin Fe+3 halinden 1 fazla elektron içerir.)

Demirin oksijene bağlanabilmesi için 2 değerlikli olması gerekir.

Fe+2 (+) Oksijen = Hemoglobin olur. (Biz buna oksihemoglobin deriz yani oksijen taşıyan hemoglobin). Daha sonra eritrositler kan dolaşımıyla dokulara gidip bu oksijen-demir bileşimindeki oksijeni ihtiyaç olan yere bırakırlar. Bu esnada demir Fe+3 değerlikli olur. Maalesef demirin +3 değerlikli haline oksijen bağlanamaz. Ortalıkta +3 değerlikli demir varsa bunun +2'ye indirgenmesi yani redüklenmesi gerekir. C vitamini de demiri +3'ten +2'ye redükler. C vitamini Fe+3'e bir elektron verince (-) eksi yük artar, artı yük azalır ve demir +2 haline gelir. Artık eritrosit tekrar oksijeni tutabilecektir.

Aynı hemoglobinde olduğu gibi bağırsaktan geçişte de demirin +2 değerlikli olması gerekir. Fe+3 bağırsaktan emilmez. C vitamini içeren besinler, demire elektron vererek demiri Fe+2 haline getirir ve demir emilimi olur. Tam da bu yüzden demir hapları alırken C vitamini de alın veya limonlu suyla için der doktorunuz. Özetle demirin +2 hali işimize gelir.

Hücre içi virüs ve bakteriyle savaşan makrofajların içinde de demir boldur. Çünkü demir de bir savaşçıdır. Fe+2 haliyle elektron veren bir tür antioksidan iken, Fe+3 haliyle ise feci tehlikeli bir silaha dönüşür. Fenton reaksiyonları da denen bu olaylar hem bizim için hem patojenler için zararlıdır.

Bakteri, virüs savaşında oluşan diğer serbest radikaller ROS ve NOS'un sonrasında antioksidanlarla temizlenmesi gerektiği gibi, fenton reaksiyonlarıyla olan demirin de temizlenmesi gerekir. Biriken demirin savaşta oluşan inflamasyona katkısı vardır. Vücut bu redüklenememiş demiri ortadan toplamak için ferritin denen demir deposunu artırır. Bu yüzden de enfeksiyonlarda ferritin artar.

Şimdi bir toparlama, bir özet yapalım:

Neler öğrendik?

* İnsanlar C vitamini üretemezler.
* C vitamini fazladan elektron verebilen bir elektron donörü, bir redükleyici, bir antioksidandır. Bu ifadelerin hepsi de aynı anlama gelir.
* C vitamini immün sistemin pek çok noktasında devrededir.
* Özellikle virüs savaşında alveoler makrofajlar ön sıradadır.
* Makrofajlar nitrik oksitten (NOS) ve gerekirse demirden (fenton bileşikleri) serbest radikal üretir.
* Bu serbest radikallerin amacı virüsten elektron çalmaktır. (Elektron kaybeden yenilir!)
* Ancak kendi hücremizin de bu ataktan korunması için kendine elektron sağlamayı becermesi gerekir. (Hücre içi antioksidan sistemler bunu yapar.)
* Ama bu sistemler yaşla azalır.
* Dış ajan hızla ve çok sayıda gelirse ürettiğimiz silahlarımızla kendimizi de vururuz.
* Bu savaşta, oksijeni akciğerden kana oradan da dokulara taşıyamamak ölümcül problemi oluşturur.
* Oksijen taşıyan eritrositlerin oksijene afinite (yakınlık) gösterip yapışabilmeleri için, içlerindeki demirin Fe+2 değerlikli olması gerekir.
* Ancak ortalıkta bunca yoğun elektron savaşı varken, ne hücre

içindeki elektron eksikliğini gidermeye ne hemoglobin için gerekli demiri +3'ten +2'ye indirgemeye elektron kalmayabilir.

* C vitamini fazla elektronlarıyla demiri de diğer antioksidanları da redükler. C vitamini viral savaşta savaş yeri temizliğine yardım ettiği gibi, kanın oksijen taşımasına da demiri koruyarak yardım eder. (Sülfür bileşiklerinin de çok kuvvetli redüktan olarak savaş yeri temizliğine yardım ettiklerini hatırlayalım.)

C vitamininin gıda kaynakları başta lime-limon grubu olmak üzere tüm bitkisel ürünler ve taze sebze meyvelerdir. C vitamini vücudumuzda üretilemediğinden ve depolanamadığından bu besinlerden devamlı, günlük olarak tüketmemiz gerekir.

Şeker ve obezitenin immün sisteme etkisi

Şeker ve immünite:

Şekerin nasıl bir zararlı olduğunu bilmeyen kaldı mı? Gelin bunun nedenini konuşalım... Bilimsel gerçeklerle. İşlenmiş unlu-şekerli gıdaları çok tüketmek pek çok bakımdan immün sistemi zayıflatır. Zaten fazla kilonun kendisi de bağışıklık düşürücüdür. Özellikle iç organ yağlanması varsa, bu yağlar inflamasyon yapan sitokinler salarlar. İnflamasyon yapan sitokinlerin olması da bağışıklığı gereksiz yere yorar.

Bu grubun içindeki glutenli unlular zaten immün sistemi antijenik olarak en çok dürten gıda grubudur.

Kan şekeri arttıkça, glikoz ve C vitamini hücreye girmek için yarışırlar. Giriş yolları benzer olduğu için yüksek kan şekeri, besinlerle aldığımız antioksidan C vitamininin de hücreye girişini azaltır.

Kan şekeri yüksekliği lökositleri de güçsüzleştirir. Bu etki hemen saatler içinde başlar, düzelmesi günler sürer.

Yüksek kan şekeri, hücre içerisinde m-TOR adıyla bilinen inflamasyon yolağını aktive eder; m-TOR yolağı aktivasyonu sadece zayıf bağışıklık değil, hızlı yaşlanma ve tüm kronik hastalıklarla ilgilidir. Açlık ise bu yolun tam tersi olan AMPK yolu denen bir sistemi aktive eder. Hastalandığımızda iştahımızın kesilmesi bu sistemi aktive etmek içindir. Bu yüzden açlık, bedeni belli aralıklarla oruca sokmak önemlidir. Açlık kendi başına bir tür tedavi kürü gibidir.

Bağışıklık sisteminin inflamasyon yapan M1 makrofajları şekeri kullanarak çalışır. Çok çalışırlarsa doku hasarı yaparlar. İyileşmeyi hızlandırmak için şekeri azaltıp M1'lerin zıddı olan antiinflamatuar M1 makrofajları desteklemek gerekir.

Tümör hücreleri de şekerle enerji üretmeyi tercih ederler. Bedenimizde her saniye bir başkası oluşan tümör hücrelerini yok etmek immün sistemin görevidir. Şekerli beslendikçe tümör hücresi büyümesini artırmış, immün sisteme daha çok iş çıkarmış oluruz.

Kilo ve immünite:

Yağ dokusu da immünitede önemlidir. İnsan immün sistemini açlık güçlendirebilir. Genetik olarak buna uyarlanmıştır. Binlerce yıl önce yiyecek bu kadar bol değilken yiyeceğe kolay ulaşılamayan dönemler olduğu için immün sistem açlığı tanır. Ama fazla tokluğa adapte değildir. Kilolu kişilerde yağ dokusunun varlığı, daima düşük düzey kronik inflamasyon kaynağıdır. Karın içi yağlarda, lokal yağların olduğu bölgelerdeki lokal immün hücreler bu inflamasyonun kaynağıdır. Sağlıksız yiyeceklerin yanlış zamanda ve fazla tüketilmesiyle oluşan yağ dokusu arasında diğer dokulara göre kan dolaşımı daha azdır. Hızlı kilo alma varsa, yeni damar ağının oluşması yağ depolanma hızına yetişemezse bu dokular iyi kanlanamaz. Beslenemeyen yağ hücrelerinin yani adipositlerin bir kısmı ölmeye başlar. Ölen yağ hücreleri tıbbi adı debris olan hücre artıklarını oluşturur. Debris dediğimiz ölmüş hücre artıkları makrofajları harekete geçiren DAMPS'lardan biridir. DAMPS ve PAMPS'lar makrofajları harekete geçirir. PAMPS'lar P-patojenlerin makrofajları dürten kısmıyken DAMPS'lar D-dokuya ait makrofaj dürtücüdür. Makrofajlar her çöpü olduğu gibi bunları da yemek için aktive olur. Ölü yağ hücreleriyle aktive olan makrofajlar inflamatuar tipteki M1 makrofajlarıdır. Kilolularda M1'ler daha boldur. Oysa ideal kilolu kişilerde antiinflamatuar M2 makrofajlar daha çoktur. Karaciğer iç organ yağlanmasındaki makrofajlar ve ölü adipositler yüzünden CRP'yi artırır. CRP inflamasyon göstergesidir.

1 kilo yağda 30 milyon makrofaj vardır. Karaciğerin yağlanması da kilolu olmasanız bile aynı yolu çalıştırır. M1 makrofajlar sitokin salarlar, inflamasyon başlar. Bu, immün sistemin doğal kısmı olan ilk adımıdır. Kilo hızı arttıkça beslenemeyen adipositler artar, arttıkça

birçoğu debris olur, makrofajlar daha çok sitokin salar, inflamasyon sistemik olarak vücuda yayılır. İmmünitenin ilk kısmı çalışır ama edinsel kısma geçiş azalır. Deney farelerine kilo aldırılınca, edinsel immünitenin devreye girme hızının azaldığı görülmüştür.

Makrofajlar inflamasyonu, PLA2 enzimini kullanarak, hücre membranlarını parçalayarak başlatırlar. PLA2 enzimi hücre membranlarındaki araşidonik asitten inflamatuar sitokinler oluşturur. Özellikle de membranlardaki Omega 3 yetersizse, bu sitokinler daha yüksek olur. Obeziteye bağlı M1 aktivitesinin artması ve M1'in de PLA2 üzerinden hücre zarlarının yapısını bozması, insülin rezistansı konusuna da ışık tutar. Çünkü insülinin anahtar-kilit gibi bağlandığı reseptörü, bu membranın üzerindeki lipitlerin arasındadır. Obezite arttıkça hücre membranı parçalanması artacak, bu da insülin rezistansını daha da artıracaktır. Obezitede Omega 3 desteğinin yağ dokusunun sebep olduğu inflamasyonu azalttığı görülmüştür. Çünkü Omega 3 desteği M2 makrofajlarını artırır.

İnsan genomu 50.000 yıldır aynıyken ve açlığa kıtlığa adapte bir immün sistem varken, 500 yıldır gıda bolluğu var. İmmün sistem vücuttaki fazla yağı baş edilmesi gereken bir "düşman" olarak algılamakta haklı.

Dolayısıyla immün sistemi güçlendirmenin yolu yemek değil sirkadiyen immün çalışmaya uygun biçimde, geceyi de içine alan açlıktır.

Besinlerden immüniteye olumlu etkisi olan çok sayıda gıda vardır. Zerdeçal, zencefil, elderberry, propolis, limon, brokoli, sarımsak, soğan, elma, yeşil çay, karabiber, karanfil vs. gibi. Ancak burada bütün listeyi yazmak gibi bir niyetim yok. İsim saymak yerine tüm bitkisel besinlerin, sebzesinden meyvesine, baharatından tohumuna immün sistem için iyi olduğunu söylemeliyim. Bu besinler vücuttaki tüm hücreler için iyidir ve her zaman vurguladığım gibi "hücre hücredir", birine iyi gelen hepsine iyi gelir.

İmmün sistemi etkileyen diğer faktörler ve çözüm önerileri

İmmünite ve sirkadiyen ritim

Son yıllarda sirkadiyen ritmin hem doğal hem de edinsel bağışıklıktaki önemi giderek daha iyi anlaşılmakta. Sirkadiyen ritim, tüm canlıların gün döngüsüne, 24 saatlik olan döngüye göre kendilerini ayarlamasıdır. Sirkadiyen ritmi, bir iç saat merkezimiz olan, SCN denen, hipotalamustaki bir merkez ayarlar. Burası ana saattir. Bu merkezin belirlediği saat tüm vücutla haberleşir. Çünkü vücuttaki tüm hücrelerde periferik iç saatler de vardır. Bu iki saat arasındaki uyumluluk ve senkronizasyon, immün sistemin doğru çalışması için önemlidir. Mesela bu saatlere göre salınan kortizol hormonu immün baskılayıcı, inflamasyonu azaltıcı olarak çalışır. Ancak kortizolün doğru saatte salınması gerekir.

Sirkadiyen ritim gün ışığına bağlıdır. Sirkadiyen ritmi bozan her şey immün sistemi zayıflatır. Sabah gün ışığı ile erkenden kalkmamak ve gün ışığını direkt gözle görmemek sirkadiyen ritmin kurulmasını engeller. Aynı şekilde gece parlak ışıklara ve elektronik ışıklara bakarak gündüz ışığı sinyalinin sahtesine maruz kalmak da beyindeki ana merkez ve periferik saatlerde sirkadiyen ritmi bozar.

Sadece ışık değil, aynı şekilde uykusuzluk veya uykuya geç yatmak, vardiyalı çalışmak da sirkadiyen ritmi dengesizleştirir.

Tüm yeme içme işleri ve bunlarla ilgili organlar da sirkadiyen olduğu için gece yemek yemek ve bunu sindirmesi için aslında dinleniyor olması gereken organlara görev vermek, sirkadiyen saatleri bozucudur.

Tüm hücreler ve sistemler sirkadiyen saate uygun çalıştıklarında daha güçlü ve dengeli olurlar. İmmün sistem de buna dahildir. Sirkadiyen saatlere uyumsuz yaşam, immün senesense'i yani bağışıklık hücrelerinin yaşlanmasını hızlandırır.

Sirkadiyen ritim doğal immünite dengesinde ve edinsel immünite dengesinde önemlidir. Mesela bağırsaktaki iyi bakteriler yeterince çoğalabilmek ve doğru çalışabilmek, doğru metabolitleri üretebilmek için sirkadiyen ritme tabidirler. Ritmin bozulması bağırsak geçirgenliğini artırdığı gibi LPS'lerin de daha fazla kana geçmesine sebep olur. Yapılan çalışmalar, LPS'lerin vücuttaki inflamasyonu farklı saatlerde farklı şekilde yaptıklarını göstermektedir.

Hayvanlara LPS enjekte edilerek oluşan inflamasyonu inceleyen çalışmalarda şu sonuç görülmüş: Hayvanlara sabah ve uykudan uyandıktan sonraki ilk saatlerde LPS enjekte edildiğinde, bu hayvanların yüzde 80'i ölür. Ama günün daha sonraki aktif zamanlarında LPS aldıklarında sadece yüzde 20'si ölür. Aynı çalışma insanlar üzerinde de denenmiş, gönüllülere LPS enjeksiyonu yapılmış. Çalışmanın sonucunda en yüksek sitokin salınımının olduğu, şiddetli inflamasyon cevabının olduğu yani şiddetli immün cevabın olduğu zaman, sabah yataktan kalktıkları saatler, sabahın erken saatleri olarak tespit edilmiş. Bu sonuç, immün sistemle ilgili hastalıklarda bu saatte çok inflamasyon olabilir manasına gelir. Alerji, otoimmün hastalıklar gibi immün sistemin dengesiz çalıştığı hastalıklarda şikâyetler sabah ve günün ilk saatlerinde daha fazla olup günün ilerleyen saatlerinde azalır demektir.

Sabahları hapşırık nöbetleriyle veya eklem ağrılarıyla uyananlar bunu daha iyi anlayacaktır.

Sirkadiyen saat genleri T ve B lenfositlerinde de vardır. T ve B lenfositleri gece daha fazladırlar. Çünkü sabahki kortizol piki yani zirvesi sebebiyle gündüz daha az etkili olurlar. Yani bunlar da sirkadiyen ritme tabidir.

İmmün sistemin diğer organları olan dalak, timüs, makrofajlar, NK-doğal katiller, T lenfositleri de lenf nodlarının kendisi iç saat genleri ile etkileşir.

Sirkadiyen ritmi bozan, özellikle beslenmeyle ilgili hatalar, oral toleransı azaltır, sızdıran bağırsağı artırır, bu da tüm otoimmün hastalıkların başlangıcı olur. Gece sindirim enzimlerinin işi, sindirimin kendisi daha zordur. Dolayısıyla normalde masum olan yiyecekler artan bağırsak geçirgenliği ile kana geçtiklerinde daha fazla gıda duyarlılığına sebep olurlar.

Gece mukozaların yenilenmesi için doğru zamandır. Mukoza yenilenmesi apoptoz ile olur. Yani eski hücrelerin intiharı veya otofaji ile. Yetersiz apoptoz sadece otoimmünitede değil tüm yaşlanma süreci ve kronik hastalıkların kökeninde vardır. Apoptoz eskimiş hücrelerden kurtulmak demektir. Onlardan kurtulamazsak eski hücrelerle dolu bir vücuda fit oluruz. İmmün sistem hücreleri de eskidikçe apoptoz olur, yerine yenisi gelir. Apoptoz olmadan yeniler gelmez. Bu konu, güçlü bağışıklığın temeli mukozal bağışıklık açısından çok önemlidir.

Tüm bağırsak mukozasının 4-5 günde bir yenilendiğini biliyoruz artık. Toplam yüzey 400 metrekare kadardır. Gece yemek yemek, gece geç yatmak gibi sirkadiyen ritmi bozan durumlar mukoza yenilenmesini azaltır, bağırsak geçirgenliğini artırır. Vücuda, gündüz

bizim yaptığımız hataları düzeltmek için mukozaya zaman vermek gerekir. Tüm mukozalar vücudun diğer deri yüzeylerine göre çok daha hızlı yenilenir, çünkü çok incedir ve oradan sızdırmaması gerekir. Bu yenilenme kavramı kök hücrelerden yeni mukoza hücreleri oluşması demektir. Bağırsağın villusları dediğimiz o pililerin dibinden minik kök hücreler yukarıya doğru tırmanır ve taze hücreler olarak mukozayı yenilerler. Eskiyenler ise geceki apoptoza gider. Dolayısıyla yeterli kök hücre gelebilmesi ve etkili apoptoz olabilmesi oradaki yenilenmenin temelidir.

Apoptoz için en ideal durum **gece, karanlık ve açlık** üçlüsünün bir arada olduğu durumdur. Gece uykuda apoptoza gidebilen hücreler o dokuyu yenilerler. Kronik hastalıklar apoptoz olmamış yani tamamen ölmemiş ama tam da iyi çalışmayan hücrelerle ifade edilir. Bu hücreler inflamasyon sebebidir.

Uyku hormonu melatoninin immüniteyi güçlendirdiğini, uykusuzluğun viral ve bakteriyel savunmayı azalttığını, otoimmün hastalıklara yatkınlığını artırdığını biliyoruz. Kortizol ve melatonin ikilisi immün sistemin sirkadiyen ritminde temel dengeleyicileridir. Melatoninin, immünomodülatör yani immün sistemi dengeye getiren hormon olduğunu biliyoruz. Enfeksiyonlarda, enfeksiyonun daha kolay tedavi edilmesi bakımından melatoninin tedaviye eklenmesi de düşünülmektedir.

İnsan immün sistemi, uykunun sabah kalkmaya yakın olduğumuz saatlerinde, erken sabah saatlerinde daha çok çalışır, bu dönemde inflamasyon daha fazla olur. Gün içerisinde immün sistemin verdiği cevap daha sakinler, sitokin ve inflamasyon daha az olur. Bağışıklık sistemindeki organlar ve hormonlar sirkadiyen ritme uyar. Sirkadiyen ritmi bozduğumuz her durumda immün sistemin zayıfladığından bahsedebiliriz. Jetlag yaşadığımız seyahatlerde seyahat dönüşünde daha kolay hastalandığımızı, grip olduğumuzu veya uçuk çıkardığımızı biliriz. Uykusuz kaldığımız günlerin arkasından yine aynı şekilde daha kolay hastalandığımızı biliriz.

Bu durumların tekrarlaması güçsüz immün sisteme sebep olacağı için dışarıdan gelen virüs ve bakteriye karşı savunmamızı azaltır, sirkadiyen dengesizliğin yarattığı, mukozalardaki yetersiz apoptoz sebebiyle mukoza sızmasını artırır. Patojenlerin ve antijenlerin içeriye girişi mevcut tüm otoimmün hastalıkları veya bunlara yatkınlığı artırır.

Sadece mukozalar için de değil; bir dokuda daha önceden bir inflamasyon olduysa, bir hastalık söz konusuysa, T lenfositleri ve B lenfositleri self toleransı unutup kendi dokularımıza saldırabilirler. Buradaki otoimmün hasarın sınırlanması için iyi bir uyku ve gece açlığı önemlidir. Bu sayede artan apoptoz ile o hasarlı hücrelerin de yok edilmesi ve kendine saldıran, self toleransı unutmuş oto reaktif T hücrelerinin de apoptoz ile yok edilmesi mümkün olur.

Vücutta işler her zaman mükemmel gitmez. Hücrede üretilen proteinlerin bir kısmı hasarlı üretilir. Bunların yok edilmesi gerekir. Kötü proteinlerin apoptoz veya otofaji ile yok edilememesi, giderek vücutta birikmesi Alzheimer dahil pek çok hastalıkla ilişkilidir.

İmmün sistemin hem dışarıdan gelen tehditlere hem vücut içindeki tehditlere karşı bizi doğru savunabilmesi için sirkadiyen ritmi korumak çok önemlidir.

Uyku ve bağışıklık

Pek çok bilimsel çalışma daha iyi uyudukça daha güçlü bağışıklığa sahip olduğumuzu ve yeterince uyumayanların da daha kolay hastalandığını ve hastalıklarından daha geç iyileştiğini zaten söyler. Hatta yapılan çalışmalar gösteriyor ki bir aşı yapılıp aşıya olumlu bağışıklık cevabı almak istediğimizde, eğer bu aşı uykusuz kişilere yapılıyorsa onların verdiği bağışıklık cevabı çok daha düşük oluyor, bazen aşıya cevap bile vermiyorlar. Yani uyku bağışıklık reaksiyonunu da çok yakından etkiliyor.

Uyku hormonu melatonin, D vitamini ile birlikte en temel immün dengeleyici hormondur. Antioksidan olarak çalışır, serbest radikalleri azaltır, glutatyonu artırır. Melatoninin azalması ve uykunun azalması aynı zamanda otoimmün hastalıkları artırır. Melatonin Th1-Th2 dengesini kurar. Bu hem otoimmünite hem de alerjide çok önemlidir. Viral savunmada da parazitik enfeksiyonlara cevap vermemizde de çok önemlidir.

Uykunun hem derin hem de dinlendirici olması gerekir. Sabah yorgun uyanmak iyi uyumadığımızın göstergesi olabilir. Derin uykunun amacı uykuda olan işlemlerin immün sistemi de yenilemesiyle ilgilidir. Derin uyku halinde vücutta eski hücrelerin yenmesi anlamına gelen apoptoz ve otofaji olur. Otofajiyi artırmak için yatarken aç olmak, oda ısısının normalden biraz daha az olması ve yatmadan birkaç saat önce suni ışığa bakmayı bırakmak, wi-fi ve cep telefonlarını da kapatmak gerekir. Otofajide de apoptozda da eski hücrelerin yerine yenileri gelir. Eğer iyi otofaji ve apoptoz olmazsa yani iyi uyku olmazsa immün senesens dediğimiz immün sistem hücrelerinin yaşlanması söz konusu olur.

Lenfatik sistem ve bağışıklık

İmmün sistemin çok önemli bir parçası da lenfatik sistemdir. Tıpkı damar ağı gibi bir lenf ağımız vardır. Timüs, lenf nodları, dalak, bademcikler bunların hepsi lenf sistemiyle ilgilidir. Vücuda dışarıdan bir antijen geldiğinde, antijen sunan hücrelerin bunu en yakın lenf noduna götürüp oradaki T hücrelerine sunduğunu biliyoruz. En yakındaki lenf nodundaki T hücrelerinin hedefe daha hızlı gelebilmesi için lenf sistemindeki akışın da düzgün olması gerekir.

Bunun için bol su içmek gerekir, çünkü lenfin çoğu sudur.

Hareket etmek gerekir, çünkü lenfler kasların etkisiyle içlerindeki sıvıyı akıtabilirler, kendi kasılmaları yoktur.

Trombolinde zıplamak lenf detoksu için çok etkilidir.

Lenf masajı yaptırmak, sıcak ve soğuk duş altında 30 saniyede bir değiştirerek kalmak, kuru fırça ile cildi fırçalamak, esneme-stretching egzersizleri yapmak lenf akışını güçlendirir.

Burun nefesi ve bağışıklık

Nefesi burnumuzdan almak immünite için önemlidir. Burun içerisindeki kıllar bakterileri tutmak içindir. Bu onun fiziksel koruyuculuğudur.

Burun mukozası nitrik oksit üretir. Virüslerle savaşmak için de nitrik okside ihtiyacımız var. Ama aynı zamanda nitrik oksit bütün vücuttaki damarları genişleten, damarda dolaşan kanı ve oksijeni artıran maddedir. Çalışmalar ağzı açık uyuyan çocukların yani burnundan nefes alamayan çocukların daha sık üst solunum yolu hastalığına yakalandığını gösterir. Diş ile ilgili sorunlar veya burundaki deviasyon, alerji, tıkanıklıklar, sinüzit gibi sorunların giderilmesi burun nefesini kolaylaştırmak için önemlidir.

Ağızdan nefes alma alışkanlığı olanların gece uyurken ağızlarını bantlayarak yatmalarını öneririm. Böylece burun nefesiyle yüksek nitrik oksit üretirler. Bu nitrik oksit hem viral savunmada önemlidir hem de damarları genişletip tansiyonu düşürür.

Sıcak ve bağışıklık

Saunalara veya hamama girdiğimiz zaman oradaki sıcaklıkla vücut ısımız yükselir. Bu sahte sıcaklık artışı vücut için ateş sinyali gibi algılanır ve lökosit sayımız artar. Zaten enfeksiyonlarda da interlökin-1 üstünden ateş 1-2 derece artırılarak hem savaş alarmı verilmek istenir hem de çoğu bakteri ve virüs bu ısıda yaşamaya uygun değildir.

Sauna, hamam ve sıcak banyo bağışıklığı güçlendirmek için önerilir.

Soğuk ve bağışıklık

Soğuk da bağışıklık için iyidir. Sıcak-soğuk duş almak ya da duş sonunda soğuk duş yapmak veya buzla dolu küvete girmek gibi soğuk teması, vücudun içerisindeki otofajiyi ve apoptozu artırır. Artık ezberlediniz sanıyorum: Otofaji eski hücrelerin öldürülmesi, apoptoz kötü hücrenin kendini yok etmesidir. Apoptoz özellikle intraselüller yani hücre içi olan virüs ve kanser savunmasında önemlidir. Virüsler ve kanser hücreleri hücre içi olduğu için bunların apoptoz ile yok edilmesi gerekir. Soğuk bunu artırır.

Açlık ve bağışıklık

Otofaji ve apoptozu artıran diğer şey ise fasting'dir yani oruç, aç kalmak. Özellikle geceyi ve uykuyu içine alan fasting'ler en yüksek apoptoz ve otofaji performansını verirler. Uykudaki melatonin de apoptoz ve otofaji uyarıcısıdır.

Otofaji ve bağışıklık

Otofajiyi artıran maddeler olarak mor bitkilerdeki resveratrol, yeşil çay, zerdeçal, Omega-3 aklımıza gelir. Otofaji olmazsa yine immün senesense olur ve eski bağışıklık hücrelerine mecbur kalırız. Otofajinin temel uyarıcılarından biri de NAD'dir. NAD vücuda açlık ve iyileşme sinyali veren bir moleküldür. D vitamini de yine otofajinin destekçisidir.

Bağışıklığı güçlendirmek için günlük hayatımıza ekleyeceğimiz diğer uygulamalardan da kısaca bahsetmek isterim:

Topraklanma ve bağışıklık

Doğanın parçası olarak ona ne kadar yakın olursak o kadar iyidir elbette. Doğayla temas sağlık önerilerinin başında gelmelidir. Çıplak ayakla ıslak çime, toprağa, kuma bastığımız zaman Türkçesi "net negatif şarj" denen bir durum olur. Vücuttaki elektron miktarının arttığını anlatır bu terim. Elektronların eksi olduğunu hatırlarsak ve bu bilgiyi yerkabuğunun da eksi yüklü olmasına bağlarsak çıplak ayakla gezmenin bedava elektron kazanmak olduğunu kavrarız. Elektron kazancı vücuttaki net negatif yük toplamını artırır. Yani okside olma durumundan redükte olma durumuna geçeriz. Çıplak ayakla doğada olmak antioksidan yiyeceklerle aynı etkiyi yapar. Sadece topraktan değil denize girerek ve ormanda bulunarak da fazladan elektron kazanırız. "Forest bathing" yani orman banyosu adıyla sağlık uygulaması bile vardır. Ormandaki havadaki oksijen için negatif iyonlu oksijen denir. Negatif iyon ifadesindeki "negatif" yani eksi ifadesi yine eksi yüklü fazladan elektronların mevcudiyetinden bahseder.

İmmün savaşlarında tüm patojenleri öldürmek için kullandığımız serbest radikaller ise elektronlarımızı azaltır. Net negatif yükümüz azalır. Aslında tüm hastalıklar ve yaşlanmanın kendisi de moleküler düzeyde net negatif elektron yükü kaybıdır. İmmün sistemi güçlendirmek için ormanda, deniz kıyısında olmak savaş gücümüzü artırır.

Güneş ışığı ve bağışıklık

Güneşe olan ihtiyacımız en çok D vitamini sağlaması bakımından önemliymiş gibi zannedilir. Oysa bundan çok daha fazlası vardır. D vitaminini artırmak için öğlen saatlerinde 10-15 dakikalık güneşlenme önerilir. Ancak asıl önemli olan, güneşin doğuşu ve mümkünse batışı esnasında güneşte olmaktır.

Sabah günün doğumu esnasında dışarıda olur ve ışıkla temas edersek, özellikle gözlük takmayarak ışığın gözlerimizden tüm spektrumuyla girmesine izin verirsek, sirkadiyen iç saatimizi kurarız. Tüm vücut ve immün sistem hücreleri sirkadiyen sisteme uygun çalışmak ister. Gece uykuda bize en yüksek iyileşmeyi sağlayacak melatonin hormonu için başlangıç, sabah günün doğduğu saattir. Üretimi gece 21'de başlayıp 23'te pik yapsa da programlanması sabah güneşledir. Sabah güneşle temas geceki iyi uykuyu da garantiler. İyi bir uykunun otoimmünite ve alerjiyi azaltmaktaki, ayrıca enfeksiyonları kolay atlatmaktaki önemi hiçbir şey ile kıyaslanamaz.

Gün ışığının sabah saatleri D vitamini yapmaz ama en az onun kadar önemli antiinflamatuar infrared ışığı içerir. Fizik tedavide ağrıyan ekleminize tutulan tedavi edici o kırmızı infrared ışıklarının doğalı, sabah güneş doğarken ve akşam güneş batarken çoktur. Güneşin bu dalga boyu 4-7 santim içeriye nüfuz edebilir. Dokunduğu dokuda inflamasyonu azaltır.

Derimizin tamamında D vitamini reseptörleri vardır. Aynı şekilde tüm derimiz infrared ışığından faydalanabilir. Hatta deri altındaki ortalama 5 cm derindeki doku da faydalanır.

Ben şahsen bağırsak sağlığımız için karnımızın her sabah bu ışığa temasını önemsiyorum. Hatta meme ve prostat kanserlerinin tüm kanserlerde ilk sırada olmasını, sadece hormonlara veya genetiğe bağlamayıp, o bölgelerimizin en az güneş gören bölgeler olmasının bu istatistiği artırdığını da düşünüyorum. Bu bölgelerimiz de sabah güneşini görmeli.

Cilde değen güneş ışığı damar endotelinden nitrik oksit miktarını artırır. Nitrik oksit hem anti viraldir hem de vücuttaki oksijenlenmeyi artırır. Tansiyonu düşürür.

Güneşi sadece D vitamini kaynağı olarak görmek eksiktir. Nitrik oksit, infrared ısıtması, sirkadiyen ayarlama, cilde değince ciltteki endorfinleri artırarak bize mutluluk vermesi, bunların hepsi güneşin sağladıklarıdır.

Kahkaha ve bağışıklık

Elbette ki stresin bağışıklığı düşürdüğüne şüphe yok. En ufak bir stresle uçuk çıkaranlarınız konuyu çok iyi bilir. Buraya kahkahayı da almak istedim çünkü kahkahanın yarattığı titreşimin timüsümüzü güçlendirdiğini söyleyebiliriz. Kahkahanın yarattığı vibrasyon timüsün vaktinden evvel bir yağ topakçığına dönüşmesinin önüne geçebilir. Ağıt yakılırken göğse vurma hareketi de timüsü titreştirir.

Timüs bize hem bağışıklığı güçlendirmek hem gereksiz bağışıklık tepkileriyle otoimmün hastalıklara yakalanmamak için lazım. Maalesef ki erkenden devreden çıkıyor. Kahkaha atmanın timüse faydası yayınlarla ispatlanmış bir konu olmasa da kahkaha atmayı ihmal etmeyin, faydası çok.

İmmün sistem için basit öneriler

Şarkı söyle: Şarkı söylerken ses telleri titreştikçe hemen yakınındaki vagus sinirine masaj yapar. Vagus siniri bağırsaktan beyne giden, parasempatik sistem dediğimiz stres karşıtı sistemimizi çalıştıran sinirdir. Bir saat şarkı söylemek, lökositleri, sevgi hormonu oksitosini artırır, kortizolü düşürür.

Kahkaha at: Kahkaha atmak timüsü güçlendirir.

Öğlen yemeğini dışarıda ye: Gün ışığının yoğun olduğu, D vitamini yapabileceğin saatleri kaçırmamış olursun.

Sarımsağı artır: Sülfürlü besinler viral savunmanın destekçisidir. Aynı zamanda bakterileri de öldürür. Doğal antibiyotiktir.

Sabah rutinini değiştir: Artık sabah gün doğarken kalk, gün ışığını gör ki sirkadiyen saatlerin kurulsun. Sabah ışığıyla gece uykunu da garantile. Ayılamadıysan kahvene tereyağı, sade yağ veya hindistancevizi yağı ekle.

Kırmızı ışıkta otur: Gece ışıktan kaç, elektroniklere saat 20.00'den itibaren bakma. Parlak ışıkları söndür.

Ayakkabını çıkar: Dünyayla temas kur. Toprağa bas. Ağaca sarıl. Negatif elektron yükünü artır.

Yemek ocağının ısısını kıs: Yüksek ısıda pişirip en güzel gıdayı neoantijene çevirme. Çok uzun kısık ateşte pişir, haşlama yap, buharda pişir. Gıdaları çiğ tüketme alışkanlığını artır.

Lokmamatik al: Yani lokmalarını çiğnerken say. Kaç lokma yediğinde kimsenin gözü yok, ama bir lokmayı kaç kere çiğnediğin neoantijen yapmaman için mühim.

Ağzını kapa: Gece nefesini ağızdan alıyorsan ve burnunda sorun yoksa ağzını bantla. Nitrik oksit üret.

Soğukta uyu: Yatak odasının camını arala, oda ısısını düşür.

Gözüne uyku bandı tak: Uyurken ışığını kes. Ve mümkünse çıplak yat.

Sabah ensene soğuk duş tut: İmmün sistemini güçlendir. Yapabilirsen kısa süreli buz dolu küvete gir.

Hamama gir: Arada bir de saunaya, hamama git, vücudu ısıt, bağışıklığın ateşin var sanıp çoğalsın.

Su torbasına sarıl: Burnunun ucunda o gıdıklanmayı hisseder ve hapşırmaya başlarsan sıcak su torbasını dikkatlice göğsüne koy, orayı ısıt.

Aç kal: Hastaysan yeme, aç kal daha iyi.

Mide asidini yemek yerken artır: Yemeğine bol limon koy ki neoantijen yapma.

Bitkisel beslenmeyi artır: Bakterilerini besle.

Sporu gündüz yap: Saat 18.00 sonrası ağır spor yapma.

Gençlik hırsızı ol: Sağlıklı kişilerin ve senden daha gençlerin florasından kapabilmek için onlarla beraber vakit geçir.

Anne sütü eksiğini tamamla: Annene ne kadar süre anne sütü emdiğini sor, az emmişsen veya emmemişsen kolostrum al.

Stresini azalt: Bunu yapmak için kendine uyan yöntemi bul, seyahat, masaj, müzik, kedi köpek sevmek, meditasyon, yürüyüş, o her neyse. Her şeyi bozan, tüm otoimmün hastalıkları dürten, stresin coşturduğu sempatik sisteminin kapatma düğmesine bas.

Bu kitabı iki kere oku: Diğerlerini okumamışsan onları da oku. Çünkü neden-sonuç ilişkilerini öğrenmek davranış değiştirmese bile insana haz verir. Öğrenmenin ve bilmenin gerçek bir hazzı vardır, bundan mahrum kalma.

Kitabı bitirirken tartışma konusu:

Soru sormayı severim diyerek başladık. Yine bir soruyla bitirelim. Bir adım sonrasını sorgulamak her zaman işim oldu.

İmmün sistemin iyi çalışmasını ve bağışıklığımızın yüksek antikorlarla bizi korumasını istiyoruz. Zaten bu kitaptaki sizi lise yıllarınıza kadar götüren onca bilimsel gerçeği de bu yüzden okudunuz. Yine de şu soru bence bu kitabın da en önemli kısımlarından biri: Acaba biz kalıcı bağışıklık kazandığımızda bu ne kadar iyi bir şeydir?

Bir şeye karşı bağışıklığım var, IgG'm yüksek demek, arkasından otoimmüniteyi artırıp artırmayacağı konusunda şüpheleri de beraberinde getirmelidir. Ne kadar çok IgG ile oluşmuş immün kompleksimiz varsa o kadar çok immün kompleks öldürme işlemi olacaktır. Bu öldürülme durumu lokal veya sistemik olarak bize zarar verebilir.

Bunun dışında IgG'ler antijene benzeyen vücut parçalarına da aynı kelepçeyi takabilirler. Buna molecular mimicry, moleküler benzerlik veya çapraz reaksiyon demiştik. Arkasından da oranın yabancı algılanması ile vücut orada bir saldırı oluşturur. Dolayısıyla bir şeye bağışıklık antikoru olmasının iyiliğinin yanında zararları da olabilir.

Peki bu zararları oluşturabilecek antikorlar nasıl sürekli artmaktadır?

* Antijenin vücuda sürekli girmesiyle: Mesela tekrarlayan enfeksiyonlar, uzun süren viral enfeksiyonlar
* Vücutta zaten olan Herpes veya EMV gibi latent virüslerin sık sık aktive olmasıyla
* Antijenik gıdaların çok tüketilmesiyle
* Bağırsaktan içeriye kaçanlar, gıdalar, LPS'ler, hapten olan toksinler vs. ile

* İşte bu durumlara bağlı fazla immün kompleks olması, oluşması ile
* Oluşan antikor cevabının moleküler benzerlikle vücudun kendi dokularına çapraz reaksiyon vermesi veya kompleman yolağını devreye sokması, bağışıklık amacıyla yapılan antikorların uzun dönemde yaratabileceği sorunlar gibi duruyor.

O yüzden ağır enfeksiyon geçirmek veya vücuttaki latent virüsler otoimmünitenin temelindedir. Mesela hepimiz Herpes virüsünü vücudumuzda taşıyoruz. Stresle immün sistemimiz düştüğünde uçuğumuz çıkıyor. Veya testlerde çoğumuzun Epstein-Barr virüsünü taşıdığını görüyoruz. İşte bunlar içerideyken latent kaldığında problem yok ama bir stresle harekete geçtiğinde yine bunlara karşı içeride immünolojik bir savaş olacak, işin içine T lenfositlerden B'lere kadar hepsi girecek. Savaşı geçirmiş olsak bile ortada yine o ajana karşı immün kompleksler dolaşacak. Bunlar yok edilmek istenirken vücut kendisini haraplayabilecek. Latent virüsleri uyandırmamak için de stres kontrolü en önemli kalkanımızdır.

Sadece enfeksiyonlar değil, vücudun içerisinde herhangi bir sebepten yaralanmış doku varsa o doku artık bizim dokumuza benzemeyecek kadar hasarlanmış olabilir. Özellikle yetersiz apoptoz ve otofaji varsa bunlar DAMPS, yani dokuyla ilişkili antijenik yapılar haline gelir. DC'ler APC olup T'lere bunu sunabilir. Yani vücudun bir yerinde bir hasarlanmış doku varsa bu DAMPS olmuştur. Her ne kadar dışarıdan gelmediyse de doğal immünite buna da reaksiyon gösterip burayı da T lenfositleri için öldür, yok et olarak işaretlemiş olabilir.

Bu işaretlemenin sonucu o dokuya karşı saldırı ve en sonunda antikor yapılmasına kadar ilerleyecektir. Demek ki vücutta yaşam stiline, kronik hastalıklara, kötü yaşam şartlarına bağlı, kötü beslenmeye bağlı oluşan kötü hücreler de birer otoimmün antikor sebebi olabilir.

Kitabımı bitirirken konuyu bağlamak istediğim nokta şudur:

* Dışardan gelen virüsler, bakteriler ve vücutta zaten mevcut olanlar
* Dışardan gelen en büyük antijenik grup olan yiyecekler

* İçerde en fazla olan hasarlanan, yaşlanan hücreler.

Bu listedeki her şeye karşı immün reaksiyon vereceğiz. Öyle veya böyle dışarıdan virüs veya bakteri gelmese de, yiyecekleri tüketmeye devam edeceğiz ve giderek yaşlanacağız. Bu kaçınılmaz.

Savaş kaçınılmaz. İmmün savaşlar hep olacak. Sonuçları da hem olumlu hem olumsuz olacak. Ama elbette bizim de yapabileceğimiz bir şeyler var. Aslında üç maddede özetleyebiliriz yapabileceklerimizi.

1. Dışarıdan gelenler gurubunun en büyük hacmini oluşturan yiyecekler üzerinde kontrol
2. En büyük giriş yolu olan mukozaları korumak ve desteklemek
3. Yaşlanmayı ve hücre eskimesini azaltacak tüm sağlıklı yaşam önerilerini mümkün olduğunca uygulamak.

Kitabımın en temel özeti olan bu kısacık, üç maddelik "uzun ve sağlıklı ömür" şartlarını sağlamaya daha gönüllü olacağınızı umuyorum. Okuduğunuz için teşekkür ederim.

Dr. Ayşegül Çoruhlu

Buraya not alabilirsiniz

Buraya not alabilirsiniz